Objectives of the Library, new edition

図書館のめざすもの 新版

編・訳
竹内悊

日本図書館協会

Objectives of the Library, new edition
translated and edited by Satoru Takeuchi

12 Ways Libraries are Good for the Country
by American Library Association

12 Ways Libraries are Good for the Country
by Leonard Kniffel
Originally published as a cover story in *American Libraries,* December 1995.
Adapted and updated by Leonard Kniffel, December 2010.

Library Compact
by the Friends of Libraries U.S.A.

図書館のめざすもの ／ 竹内悊編・訳. ― 新版. ― 東京 ： 日本図書館協会,
2014. ― 83p ； 21cm. ― ISBN978-4-8204-1410-0

tl. トショカンノ メザスモノ al. タケウチ, サトル
sl. 図書館 ①010

はじめに

『図書館のめざすもの』（日本図書館協会）は、一九九七（平成九）年に初めて出版されました。幸いに多くの方々が読んでくださって、刷りを重ねることができました。そのうえ、普及のために自費で購入して配布されたり、人に勧めたりしてくださった方々が何人もおいでになることを後になって知りました。まことに有難いことでした。

それ以後、ここに収めた「アメリカ社会に役立つ図書館の十二か条」を参考にして、「私たちの望む図書館」の姿をまとめようという動きが各地で起こりました。「図書館を考える上でのささやかなヒントになれば」と思っていた私にとって、これは大きな喜びでした。

それから十七年、世の中は大きく変わりました。正に激動の時代です。人間の対立・抗争が激しくなったばかりでなく、生命を持つものすべてが危機にさらされるようになりました。もう戦争はしない、と世界の人たちが思ったときから七十年近くが過ぎて、宇宙的な規模での危険がじわじわと迫っている、という恐れも感じます。ものを考える生命体としての人間の賢さが問われる時になってきたのです。新聞や雑誌にも図書館のことがよく取り上げられるようになりました。そこで、図書館とは何だろうか、本や情報の記録を集めて、それを貸出すところ、という世間一般の感じ方に安住していていいのか、という問いかけが生まれてきました。

初版は六〇ページをわずかに超える小冊子でしたが、「図書館とは何か」を再検討するため、今回改訂を試みました。まずにアメリカ図書館協会による「十二か条」の新版と、一九九五年の旧版とを対比して、それぞれの特徴を見ていただくこととしました。第二に、全米図書館友の会連合会と、日本の図書館友の会全国連絡会の「めざすもの」を、第三には、この期間に日本で発表された「私たちのめざす図書館」の中から四点を紹介します。アメリカの十二か条と比べて、日本の「めざすもの」はどんな特徴があるでしょうか。そして四番目に、図書館を考える基礎として、「読む」とは一体何なのか、どのように発展し、どんな役に立つのか、ということをとりあげました。こうした観点が、これからの図書館を考える上でのご参考になれば、と願っております。どうぞご批判ください。

出版にあたって、アメリカ図書館協会は翻訳許可を与えられ、日本図書館協会出版委員会（委員長・長谷川豊祐さん）はその企画と出版の労をとられました。掲載の写真は、前回同様、漆原宏さんの作品です。一枚の写真や絵は一千語の説明に勝るといわれます。図書館に来る人たちの生き生きした姿を、どうぞここからご覧ください。また、十二か条の訳文については、元・法政大学教授、小川徹先生のまことに行き届いたご助言をいただきました。そして小冊子ながら入り組んだ内容を持つ本書をこの形にまとめてくださったのは、日本図書館協会編集部の内池有里さん、注については、ライブラリアンとしての松岡要さんから、行き届いたご訂正、ご助言をいただきました。お力をそえてくださった皆さんに、心からの謝意を表する次第です。

二〇一四年八月

竹内　悊

目次

写真■漆原 宏

■ あやかりの杜図書館（沖縄・北中城村）

1 アメリカ社会に役立つ図書館の十二か条

十二か条の内容

	① 条 文	② 概 要	③ まとめ	ページ
前文	図書館を支える人たちにこの理想を贈ります。	どんな人であろうと、図書館は一生にわたる学習の機会と資料とを提供する。		12
第1	図書館は民主主義を維持します。(旧版・市民に知る機会を提供します)	人が常に公共政策について公平な判断をし、知識を深め、自分を生長させる。それによって民主主義を維持する。	社会における図書館の役割。	14
第2	図書館は社会の壁を打ち破ります。	識字率の向上のために努力し、すべての人が成長できるように考える。		17
第3	図書館は社会的不公平を改めるための地ならしをします。	知識や情報を誰にでも公平に提供することによって、収入や階級、貧富の差に関わらない社会を生むために働く。		20
第4	図書館は一人ひとりを大切にします。	個人の価値を尊重し、さまざまな考え方を自由に選んで広く考える。	個人の世界を広げ、深めることへの適切な援助。	23
第5	図書館は創造性を育てます。	好奇心を刺激し、新しい生き方や仕事の着想などを自分で生み出す。		26
第6	図書館は若い心を開きます。(旧版・子どもたちの心を開きます)	子どもたちへのさまざまな行事を通して、想像力に点火、わくわくする世界への旅立ちに適切な助言を提供する。		28
第7	図書館は大きな見返りを提供します。	充実した公立図書館・学校図書館は、地域経済の活性化に貢献する。	地域、コミュニティ、家庭を支える図書館サービス。	32
第8	図書館はコミュニティをつくります。	それぞれの存在の尊重と、その人たちが希望を持って共有する経験とコレクションとを分け合う。		38
第9	図書館は家庭を支えます。(旧版・家族の絆を強めます)	親と子が生きて行くための努力を支え、家族にやさしいサービスを提供する。		42
第10	図書館は、情報機器を使う能力と考え方とを育てます。	物事の調べ方と、自分の考えの組み立て方、それを使っての自分の生き方を見つける。	新しい時代に生きる個人の能力を育てる。	46
	旧版・一人ひとりを刺激します。	別な考え方について知る機会、考える機会を提供する。		
第11	図書館は心の安らぎの場を提供します。	静けさと雑事からの解放との感覚。そこから新しいアイデアと判断が生まれる。	それぞれの心の安息から新しい活動の準備へ。	50
第12	図書館は過去を保存します。	空間と時間とを越えて、人間の感覚や思考や活動を分け合い、新しい価値を創造する。	未来にむかって進む社会の基盤を提供。	53

アメリカ社会に役立つ図書館の十二か条
—新版（二〇一〇年）と旧版（一九九五年）の対照—

(一) 十二か条の内容

まず前ページの表をご覧ください。①条文のところでは、第一、第六、第九に表現の修正がありましたが、基本的な考え方は変わりません。差し替えがあったのは、第十です。これについては本節の㈢をご覧ください。

②概要は、新旧両版に共通な考え方をさらに簡潔に表現しました。

③まとめは、それぞれの条文の性格を示します。②、③ともに参考にしていただくための私見で、原文に含まれてはおりません。

(二) 新旧両版の比較

新版は各ページの上段に置き、枠で囲み、その後に新しい注を加えました。新版各条文の後に、それに相当する旧版の条文、その解説、編訳者の注を掲げました。

新版の後に旧版を掲載したのは、新版の解説があまりに短くて、アメリカの図書館サポーターやボランティアの人たちには理解できても、外国人であるわれわれにはよくわかりません。その点旧版は、実例や引用が豊富です。そこで今回は、新版を理解するための手がかりとして、旧版の解説と注とを掲載しました。ちなみに、旧版はアメリカ図書館協会の機関誌『アメリカン・ライブラリーズ』の一九九五年十二月号にとじ込まれていて、自由の女神を表紙に、七ページのカラー版、各条ごとに挿絵が入っていました。新版はメールマガジンで送られてきた二ページ半で、トップの星条旗と各条文にカラーが使われているだけの簡素なもので、解説はおよそ三分の一に縮約されています。

これほどに縮約せざるを得なかった理由は発表されていません。したがって次に述べることは私見に過ぎませんが、ご参考までにご覧ください。

① 読者を不特定多数からメールマガジンの読者に切り替えたこと。旧版は、とじ込みのパンフレットを大量に増刷し、図書館や図書館に関わる人たちの手を通して多くの人たちに配布しました。新版は、前文に示された図書館サポーターの人たちを主たる対象とし、その人たちから希望者にコピーが渡される形になりました。

② 旧版は、図書館のあるべき姿を高らかにうたい上げた、未来志向的なものでした。新版は「今できること」に重点を移したと見えます。例えば旧版第二条解説文末尾の「もしこの国の人びとが全部読み書きができるようになり、そして一つの国民として結合することができるのであれば…」という文言が消えています。これは「二十世紀中に識字率百パーセントを達成する」と大号令をかけた大統領クリントンの政策が実現できなかった現実と関わるでしょう。識字率の向上はアメリカ社会の重大問題であり、旧版第二条とその注に詳細です。これほどの問題さえも簡略に扱わなければならないところに、今の米国図書館界の厳しさがあるともいえましょうし、また、それならそれで、できることを実行しながら、事態の改善を腰を据えて待つ、という粘り強さとも見ることができましょう。

㈢ 第十条の差し替え

旧版の第十条「図書館は一人一人を刺激します」と、その解説文とは、まことに刺激的でした。当時、「よくここまでいえる。すごい！」と思ったものです。しかしそれをすべての図書館の方針として打ち出すのには、当時においても刺激が強すぎたのかもしれません。この主張は間違ってはいませんし、図書館の大事な役割に強い光を当てる発言です。われわれもまたこのことを深く考えなければなりませんし、すでにその事例もあるのは、記憶に新しいところです。

ただ、旧版第十条の解説にすでに述べている通り、現実の社会では、「人を中傷することがふえている」ようです。図書館としては、違う意見に耳を傾ける機会を提供すべきなのに、これでは火種を投げ込むことになる、という懸念もあることでしょう。

一方、今日の技術の革新に応じて人が生きていくことに、図書館はどう関わるのか、そのための条文が必要だ、という意見も当然あったことでしょう。そこに今回の改正は、「今できることを主とする」という方針があれば、現実から突出した部分を削ってそれに充てよう、と決定しても不思議はありません。ただ、この十二か条からそれが姿を消したとしても、図書館員としての肚のすえ方として、それぞれの人の中に残っているのではないでしょうか。これから注目すべきことの一つです。

■旭川市中央図書館カウンター

新版（二〇一〇年）

アメリカ人は、その地域の図書館を大事にします。そして技術の進歩は、図書館が地域の人びとの生活の質を高めるために大きな貢献をしました。利用者が小学生であろうと大学生であろうと、博物館員であると会社員であると、また、仕事のためにも自分のためにも、アメリカの図書館はその人の一生にわたる学習を援助します。アメリカン・ライブラリーズ誌は各地の図書館のサポーターの方がた——図書館友の会の会員、図書館協議会理事（注）、協議会委員、図書館を利用し、かつ支える市民の皆さんなど——に、この十二か条の理想を贈ります。図書館員は、この理想に到達することを目標として、人間という存在の記録をだれもが自由に使えるようにするために働いています。この理想は私たちみんなが誇りと自由の精神を持つことによって、図書館を自由な国の生命力ある存在として、二十一世紀を通して維持する方向に導くことでしょう。

旧版

はじめに

ほとんどすべてのアメリカ人は、図書館に何が期待できるか、ということを知っています。そして図書館員は、人間存在の記録を細部に至るまですべて、広く利用できるようにするには何が必要なのかをよく知っています。それは、この仕事に対する人びとの支持と援助です。

図書館は、必要なときにはいつでも利用できますし、いつでも私たちの心を豊かにし、私たちの知る権利を守ります。それは、ちょうど社会の他の機関が私たちの安全と財産を守るのと同じことです。しかし、その基本に健全な精神がなければ、安全な道路と治安のよい住居環境というアメリカ人の理想は決して実現しないのです。

図書館はその健全な精神、つまり私たちの自由と民主主義の健康とを守ります。そこで各地で図書館のために発言

注　各地の公立図書館に図書館協議会があり、委員は公選です。館長が市民の意見を知り、また市民に図書館の考え方や計画を伝えるという大事な会議です。地元のテレビが放映する会議の様子で、市民は、自分たちが選出した協議会委員が、市民のために有効に働く人かどうか、図書館長は有能か、の判断をするのです。

■ 宮古島市立上野小学校図書館カウンター

してくださる方たち――図書館友の会の会員や図書館の理事会、委員会、利用者、そしてボランティアの方がた――に対して、アメリカ図書館協会の機関誌『アメリカン・ライブラリーズ』は、私たちが目標とする十二の理想像をここにお目にかけます。この十二箇条は、私たちみんなが誇りと自由の精神を持ち、二十一世紀に向かう自由な国アメリカにおいて、図書館を生き生きとした現実の存在とするために、きっと役立つことと思います。

注　「アメリカ社会に役立つ図書館の十二箇条」というタイトルについて　英文タイトルは、12 Ways Libraries are Good for the Country である。直訳すれば、「米国の役に立つ図書館の十二箇条」ということになろう。しかし、この十二箇条の内容は、連邦政府によって代表されるアメリカ合衆国に図書館が直接役立つ、というものとは受け取りにくい。むしろ、個人の充実のための図書館であり、それが家族、地域、州、そして連邦という順序で影響が及んでいくことが述べられている。個人と家族との社会生活の基盤は、まず身近な地域社会である。そこには、公立図書館や学校図書館があり、さらに住民に公開する大学図書館や専門図書館もある。それらを含めての図書館の在り方を問うのがこの一編である。そこで、そうした考え方を表現し、かつ中央集権的な国家という誤解を避けるために、「アメリカ社会に役立つ」という訳語を選んだ。なお、第一条の注、民主主義を参照。

1. 図書館は民主主義を維持します。

Libraries sustain democracy.

図書館は、情報やさまざまなものの考え方をだれもが使えるようにし、それによって人びとが一生を通じて公共政策についての聡明な判断ができるようにします。図書館員は、その図書館のコレクションやサービス計画およびその専門性によって、利用者がそのデータの正確さと根拠の確かさとを確認し、情報や資料を使って、その人がいつもその知識を深め、自分の考えを維持発展させるように援助します。公共図書館はアメリカ社会において、無知と服従を求める専制政治から国民を守ることを目的とする、唯一の機関なのです。

注　旧版の第一条は、「図書館は市民に知る機会を提供します」でした。

1. 図書館は市民に知る機会を提供します

民主主義（注1）と図書館とは、持ちつ持たれつの関係にあります。一方がなければ、もう片方も存在することはできません。

民主主義においては、市民が最高、最大の力を持ちます。図書館は、市民が地方自治を進めるうえに必要な判断をすることができるように、さまざまな情報を市民に提供し、それによって民主主義を機能させる機関です。そのために図書館は、年齢や人種、宗教的あるいは社会的信条、性、または貧富の差を問わず、知識やものの考え方をだれにでも提供します。図書館は、市民が自治に関心を持って話し合いをすすめ、よき市民性を育てるのに必要な情報を提供するところなのです。

アメリカにおいて、無知と盲従に基づく専制から社会を守る唯一の機関が公共図書館です。そしてこの公共図書館があるということは、民主的な社会が、知識、真理、正義、自己開発の手段としての書物および基盤としての文化をどんなに大切なものと考えているかを示しています。これは、アーサー・W・ハフナーとジェニファー・スターリング＝フォーカーが、その著書『民主主義と公共図書館―基本的諸問題についての論集―』（注2）の中で強く主張している考え方です。つまり公共図書館とは、知識から文化に至るまでをだれもが手にすべきだ、という民主主義の確信を示す指標なのです。

また、全国図書館・情報科学協議会（注3）は、国の情報政策に関する声明の中で、「社会的情報の所有者は市民である。それぞれの地方自治体は、市民からの信託に基づいて、その管理をするのだ」と述べています。

このように、図書館は社会的情報を提供する義務を持ち、政府・地方自治体は社会的情報を公開する義務を持ちます。民主主義のもとでなければ、図書館は知識や思想を利用する機会を自由に提供することはできません。そして図書館がなければ、真の民主主義は存在しないのです。

注1　「民主主義」　これは、政治思想あるいは政治体制を示す言葉というよりも、もっと基本的かつ日常的に、アメリカの地域社会で、住民としての判断の指針、と見る方が適切であろう。その考え方の実践がその地域からカウンティ（郡と訳されるが、権限からすればむしろ県に近いとも言い得る）に、州に、そして合衆国全体に広げられていく。そのために、考える材料が必要であり、それを提供する機関が不可欠だ、というのである。つまり、ここで言う民主主義は、できあがったものをどこからか持ってきたのではなく、一人ひとりが今、草の根から築いているものの考え方と決定の仕方、それによる地域の方針の設定のことを言うのである。

注2　『民主主義と公共図書館』（*Democracy and the Public Library: Essays on Fundamental Issues*, Edited by Arthur W. Hafner. Greenwood Press, 1993）　本文に言う趣旨は、この論集の中の次の論文に述べられている。"Democratic Ideals and the American Public Library." by Arthur W. Hafner and Jennifer Sterling-Folker. p.9-43.

この中でハフナーは、民主的な行政機関と民主的な社会は、市民がそれぞれの成長を最大限にまで追求できるようにしなければならないし、その成長を遂げた人びとによって、行政機関の安定と社会の全般的な発展が期待できるのだ、と述べている（p.34）。

注3 「全国図書館・情報科学協議会」（National Commission on Libraries and Information Science: NCLIS） アメリカ合衆国において、大統領と議会とに対し、図書館および情報サービスの国内および国際的な政策と計画について助言する、独立の行政機構。行政機関および立法府と協力して、国の図書館および情報に関する政策決定に貢献し、また、議員に対して、図書館のネットワークや電子環境、図書館と教育との関係、図書館員の教育、養成などについて調査し、情報を提供する。この協議会の委員任命は大統領が行い、上院の承認を得て発効する。委員会の年間予算は一九九五年度において九〇万四〇〇〇ドル（約一億円）である。一九七〇年、ニクソン政権時代に設立され、一九九四年に二十五周年を迎えた。

■北見市立留辺蘂図書館　お話会（保育士支援）

2. 図書館は社会の壁を打ち破ります。

Libraries break down boundaries.

館種の違いはあっても、図書館は、識字能力がどのレベルにある人にも、英語をまったく、あるいはほとんど理解しない人、学齢前の子ども、学生、自宅に閉じこもる高齢者、受刑者、ホームレスあるいは生活困窮者、身体上または学習上不自由さを持つ人びとに対してもサービスを提供し、行事計画を立てます（注）。図書館は、互いに交流し、学ぶ中で得られる想像力や自分の成長を妨げる壁をとりはらってくれます。

注　人数によって識字教室を開くこともありますが、一対一の識字プログラムをすることもあります。図書館のサービスの原点は、一人の利用者に、一人の図書館員がサービスを提供することにあるのです。

2. 図書館は社会の壁を打ち破ります

世の中には、私たちの視野をさえぎり、コミュニケーションと自己教育の能力の展開を妨げている壁があります。図書館はその壁から私たちを解放するのです。例えば、文字を読む能力が低いか、まったくないか、あるいは外国から移住して英語に不自由な人びとなどに対し、家族ぐるみで学ぶ識字計画をたて、学習の機会を無料で提供します。アメリカの公共図書館の中で、およそ六千の図書館組織（注1）は、読み書きを教えるためのスタッフを少なくとも一人は置いています。

さらに、アメリカ中で数百人もの図書館員が、図書館のアウトリーチ・プログラム（注2）の先頭に立ち、利用者に、よき市民性について語ったり、あるいは英語以外のいろいろな言葉を使う人びとや、さまざまな文化に属している人びとが自由に使えるように、その人たちの言語や文化にかかわる資料を充実するために働いています。また図書館員は、家庭にこもりきりの高齢者、刑務所やその他の施設に収容されている人びと、ホームレスや視覚・聴覚障害のある人びとにもサービスを提供します。

ディー・グレゴリーは、フィラデルフィア・フリー・ライブラリーの視覚・聴覚障害者のための総合教育開発計画(GED)(注3)に参加して学習をした人ですが、次のように述べています。「図書館では車いすに乗っていてもだれも気にしません。図書館を利用する他の人たちとまったく同じに扱ってくれます。」

テキサス、オクラホマ、ルイジアナおよびニューメキシコの諸州の農村家庭識字計画(注4)について、アメリカ図書館協会の識字およびアウトリーチ・サービス部長(注5)マティー・ネルソンは次のように言います。「この計画は、地域社会の人びとが知識や自分にできることを持ちよって、文字の読めない人たちの学習を助け、かつ、家族が一緒に暮らして生活が立つように援助するものであって、今日、最も緊急度の高いサービス提供のモデルである。」そしてまた、他の州の識字計画も「アメリカに住むどんなタイプの人にもグループにもためらうことなくサービスを提供している」のです。

もしこの国の人びとが全部読み書きができるようになり、そして一つの国民として結合することを必要とするのであれば、ここにあげたような、国民から強く求められているサービスを維持し、拡大しなければなりません。

注1 「およそ六千の図書館組織」 一つの図書館を中心として、その周りに分館、分室、自動車図書館などを配置し、その地域全体にサービスを展開するシステムを図書館組織と言う。アメリカ合衆国内には八、九二九の図書館組織があり、したがってその七〇%に識字教育にかかわる図書館員が配置されていることになる。なお、公共図書館総数は、分館等を含めて一万五九四六(*Libraries Today*, ALA, c1995)。これは人口一万六千人に一館の割合となり、マクドナルドの店よりも多いと説明されている。ちなみに我が国の公立図書館は二、三三六で、五万三三六三人に一館である(『日本の図書館 統計と名簿 一九九六』日本図書館協会 一九九六 p.18-19)。[現状は新版第三条の注参照]

注2 「アウトリーチ・プログラム」 従来図書館サービスにまったく触れる機会がなかった人びと、あるいは不十分なサービスしか受けられなかった人びとの要求に応えるために計画されたサー

ビス計画。対象となるグループへの積極的な宣伝活動やサービス拡大を含む。サービス対象は、この項の注5「識字およびアウトリーチ・サービス部」の解説を参照されたい。

注3 「GED」(General Educational Development) 総合教育開発。アメリカ教育協議会(American Council of Education)がアメリカ全土にわたって実施する教育計画。これに参加して後、試験に合格すると、高等学校卒業と同等の資格を得る。試験は、英語を書く能力、社会科学、自然科学、文学および芸術の鑑賞力、数学の五分野で、記憶や計算能力よりも、考え、判断する能力に重点が置かれる。フィラデルフィアでは図書館の各分館がこの計画に参加している。一九八六年には視覚障害・身体障害者のための分館が参加、今日までに十七歳から九十歳以上までを含む七百人の受講者があった。そのレベルは小学校から高等学校まで、必要に応じて個人指導も行われる。点字や大活字本、テープ等の教材は無料で提供される。合格者たちは一様に、「自分の中に力を感じ、新しい可能性を見いだした」と述べている。この内面的成長の確認こそ、教育の目的そのものとして高く評価されている。

注4 「農村家庭識字教育」 文字が読めないということは、この国の政治、経済、文化の中に適応できないばかりでなく、家庭の崩壊、そして本人の社会からの脱落にまで至る社会問題である。そこで識字教育は、単に文字を読めるようにするだけでなく、人間としてどう生き、どう考えるか、自分と家族との生活をどう築いていくかということを基本におく。アメリカ公共図書館協会長は、一九九三年の国の統計に基づいて、成人の六七%が簡単な手紙を書くことも、バスの時刻表の注記を読み取ることも、電卓を使うこともできないと述べて、このような状態における公共図書館の役割を強調している(*Public Libraries*, Vol.34 May/June 1995, p.129+)。

注5 「識字およびアウトリーチ・サービス部」 ALAの活動を支える二十八の部局の一つ。その目的は、①従来図書館サービスから疎外されてきた人たちにサービスの提供を促進すること。その対象は、都市や地方の低所得者のすべての年齢層、アメリカ国内の少数民族、たとえば先住アメリカ人、アジア系、アフリカ系、ラテン/スペイン系、アパラチア系を含む。②上記の各層および失業者、学校生活に適応できなかった人たち、文字を読めない人びとと、文字は読めても意味を理解し得ない人びとと、文化の違いのためにアメリカ社会から隔離されている人びとのために、この人たちが理解しやすい情報サービスや図書館利用教育の発達を図ること。③図書館員や図書館関係者がアウトリーチ計画を効果的に進めることができるように、情報と技術的援助、専門的教育継続の機会を提供し、この人たちの仕事を援助すること、の三つである。この部の方針の設定や活動の助言のために、諮問委員会が

3. 図書館は社会的不公平を改めるための地ならしをします。

Libraries level the playing field.

すべての人が、情報資料源とそれを使うための技術とを入手できるようにすることで、公共図書館は、収入や階級、または背景にかかわらず、すべての人に平等な機会を与え、貧富の差を解消するための援助をします。図書館は、人びとの間をしっかりとつないで、その社会的地位がどうあれ、その地域のだれもが図書館資料を自由に使えるようにするために働いています。アメリカ合衆国にはマクドナルドのレストランの数よりも多い公共図書館があるのです。

注　米国には八、九五一の自治体があり、中央館と本館の合計は一六、四一七館です（ALA Fact Sheet, 2013）。日本の自治体数は一、七八九、市町村立図書館数は三、一六八、都道府県立図書館数を合わせて三、二二八館です（『日本の図書館　二〇一三』）。

3. 図書館は社会的不公平を改めるための地ならしをします

アメリカ国民の収入の不均衡について、経済学者たちは、年ごとに市民の貧富の差が大きくなる（注1）と言っています。図書館はそういう状況の下で、収入や階級、その他の要素にかかわりなく、地域社会のすべての人たちに平等に資料を提供し、その人たちの活動の場の不公平を解消する働きをしています。

ひとたび図書館資料を利用し始めると、今まで条件の悪かった人たちは、社会の中での活動条件を他の人びとと同じ高さにする機会を持つのです。それは、この人たちが読書力を身につけ、就職口を探し出し、あるいは仕事を新しく始めることができるようになるからです。図書館のサービス計画によって英語を二番目の言葉として学んだ新しい移民も、この国に以前から住んでいる人びとと同じ機会を持つ可能性が生まれます。

ジョセフ・ワンボウ（注2）はその著書の中で、ペンシルヴェニア州の東ピッツバーグ町で送った少年時代について述べ、彼にとって地域の図書館の本は、「工場での苦しくかつ束縛の多い生活から自分を解放し、希望を高めてくれた」と言っています。

今日、以前よりもずっと多くの情報が、電子的な方法によらなければ入手できなくなってきました。その結果、より広い範囲に情報の利用を図るという図書館の役割は、ますます重大になっています。最近の公共図書館協会（PLA）（注3）の調査によれば、三〇％近い図書館（注4）がサイバースペース（注5）に参加する権利を提供し、インターネットを利用できるようにしています。これによって利用者は個人名を出さずに使えるため、だれにでも平等な取り扱いが保証されるのです。

アメリカで収入のギャップを広げてきたのと同じ文化的要因（注6）によって、情報の豊かな層と貧しい層とのギャップが大きくなるという懸念が、今、広がっています。いくつかの公共図書館はこうした要因によって、図書館利用の一部を有料にしたり、開館時間を縮小せざるを得ない状況になっています。その結果、情報に貧しい層は、その基本的な権利を奪われる危険が増え、さらに、階級打破のために大きく貢献してきた図書館の役割も危機に陥っているのです。

注1　「市民の貧富の差」　一九九三年において、連邦政府の定めた貧困水準を下回るのは三九三〇万人（人口の一五・一％）、一九八九年と比べて六九〇万人（二％）の増加であった。また、一九九三年度の一家族当たりの平均収入の差は、すべての民族の平均は最低で一万六九七〇ドル、これに対してトップ五％の平均は一一万三一八二ドルである。さらに民族別にみると、白人の最低と最高はそれぞれ一万九〇二七ドルと一一万七二七八ドルであるのに対して、アフリカ系アメリカ人は、八千ドルと八万三六〇〇ドルであり、収入の差の広がりの中に、人種問題が存在することが知られる（*World Almanack and Book of Facts*, 1996, p.383, 394）。

注2　「ジョセフ・ワンボウ」（Joseph Wambaugh, 1937-　）作家。映画やテレビドラマのシナリオライター。一九七三年と八一年に米国エドガー・アラン・ポー推理小説賞を受けた。

注3　「公共図書館協会」（Public Library Association: PLA）ALAを構成する十一の館種別協会の一つ。会員数は七、三〇〇、数年に一度の大会を開いている。機関誌は*Public Libraries.*

注4 「三〇%近い図書館」 これは一九九五年のデータであろう。九四年には二〇・九%、九六年には四四・六%と報告されている。さらに、一九九七年には六〇%を超えると推定されている（*NCLIS News Release*, 7 May 1996）。

注5 「サイバースペース」 人工頭脳空間、あるいは電脳空間。コンピュータ・ネットワークによって形成される世界を言う。

注6 「収入のギャップを広げてきたのと同じ文化的要因」 教育、経済、および社会（識字、雇用、伝統的な家族制度の崩壊などを含む）諸問題の複合によるものと考えられる。

■甲良町立図書館（滋賀）

4. 図書館は一人ひとりを大切にします。

Libraries value the individual.

図書館では、世の中のさまざまな考え方の中から、どれが主流であり、それに代わるものはどれか、どれが伝統的でどれが未来を予見するものか、単一文化に基づく世界観か、多文化的なのはどれか、などを自由に選ぶことができるようにします。図書館は、予断によらず自分の考えを持とうとする人に、そのドアを大きく開けているのです。そして、図書館資料と図書館サービスとによって、通説や世論への迎合に挑戦する探求の精神を育てるのに必要な、歴史的、文化的および政治的な観点から全体を見通す力が得られるようにします。

4. 図書館は個人の価値を尊重します

図書館は一人ひとりのものの考え方に対して大きくドアを開いています。前もって人の思想を判断し、利用に制限を加えることはありません。図書館で集めている資料は、歴史的、全世界的、文化的、および政治的に広い視野を提供します。それが今までの権威に挑戦する、探究の精神の育成に必要なことなのです。

図書館はまた、営利主義による巧妙な世論操作に惑わされない、新鮮な見方を提供します。それは芸術や文学にかかわる、ビジネスの本流から外れた、すぐれた公共テレビジョンの作品から、世の中に背を向けた出版者の自由な考え方、詩人や芸術家の想像力に至るまでを図書館が収集しているからです。

図書館員は、図書館界の巨人、S・R・ランガナタンが提唱した、「本はすべての人びとのもの」であり、「いずれの読者にもすべて、その人の図書を」「いずれの図書にもすべて、その読者を」（注1）ということを強く信奉し、その実現に努めています。

ジム・ブレスナーンという少年は、十五歳の時に両親を殺したという罪を認めて終身禁固の刑を宣告されました。なぜそんなことをしてしまったのか、自分のことながら全く理解できず、彼はすっかり混乱してしまいました。そして、刑務所図書館で心理学の本を読み始めたのです。その結果、自分の父親のような医師になろうと計画し、刑務所で学べる限りのすべての教育課程を学び、臨床医を志しました。二十三年後、三十八歳になった彼は、知事の特赦を得たのでした。

クリス・パーカー（注2）はラップ・ミュージックのＫＲＳ—Ｏｎｅとしてよく知られていますが、かつてはニューヨークのホームレスでした。そして図書館に通って自学自習をした人です。今日彼は音楽によって、教育の普及と、ギャングによる暴力の撲滅のために努力しています。そして青年たちに、図書館に行って彼らにできることすべてを学び、研究することを勧めています。「図書館は文明の頭脳だ」と彼は言うのです。

注1　「ランガナタン」（S.R. Ranganathan, 1892-1972）インドの図書館学の父と呼ばれ、また、コロン分類法の創始者として世界的に著名な学者。ここに引かれたのは、彼の「図書館学の五法則」（*The Five Laws of Library Science*）の一部である。これは一九二八年に執筆され、一九三一年に発表された。それ以来図書館の技術やサービスのあり方には大きな変化があったが、この考え方は今日なお基本的なものとして重んじられている。

　図書は利用するためのものである
　いずれの読者にもすべて、その人の図書を
　いずれの図書にもすべて、その読者を
　図書館利用者の時間を節約せよ
　図書館は成長する有機体である

（参照『図書館学の五法則』Ｓ・Ｒ・ランガナタン著　森耕一監訳　日本図書館協会　一九八一　p.9）

注2　「クリス・パーカー」（Kris Parker, KRS-One, 1965-　）Boogie Down Productionsの中心人物。ＫＲＳ—Ｏｎｅとは、Kris Number Oneの意味であったが、後に、Knowledge Reigns Supreme Over Nearly Everyone（知識はほとんどすべての人の上に強い支配力をもたらす）の略称として使われるようになった。この言葉が示すように、彼は音楽を通して教育への関心を高める努力をし、

一九八九年には『ニューヨーク・タイムス』から教育に関する論説の執筆を依頼されている。彼は、ラップ・ミュージックは芸術的価値も社会を回復する力もないと見下されているが、実は社会を変える力があるのだ、と言う。そして、人びとが人種、宗教、あるいは職業の立場で考える前に、人間として考え、行動しようと提唱し、かつ行動している（*Contemporary Musicians: Profiles of the People in Music.* Julia M. Rubiner, Editor. Gale Research, c1993, Vol.8, p.149-152）。

■下関市立豊田図書館カウンター

5. 図書館は創造性を育てます。

Libraries nourish creativity.

図書館は好奇心を刺激する雰囲気を作り出して、まだ体系化されていない学び方や奇想天外な思いつきが生まれるようにします。単に本だけでなく、映像その他さまざまな種類の媒体の保存の場として、図書館は人類が蓄積してきた記録を、専門知識を持った職員による援助を受けながら、どの図書館からも、ウェブからも、またアウトリーチ・サービス（注）によっても利用できるようにしています。

注　アウトリーチ・サービス　従来図書館サービスにまったく触れる機会がなかった人びと、あるいは不十分なサービス計画しか受けられなかった人びとの要求にこたえるために計画されたサービス。

5. 図書館は創造性を育てます

図書館がないからといって、人が創造性を持ち得ないとは言えません。しかし、図書館がなくて創造的な社会があり得るでしょうか？　図書館は単に本の保存所であるばかりでなく、言葉を使わずに伝達できるもの、つまりイメージを保存する場でもあります。

恐らく二十一世紀には図書館の定義が拡大されて、フランスのラスコーの先史時代の壁画さえも一種の図書館として認めるようになるでしょう。それは、この壁画も図書館も、創造性をかきたてる力を持つからです。そして、その点から考えて、図書館を社会の存続のための基礎として確認することになると思います。

好奇心をそそられるという面から見ると、図書館の中でわれわれは、皆子どもと同じような存在です。好奇心というものは、創造性と想像力という双子の能力の親だからです。その好奇心を刺激することで、図書館は利用者の心を、日常的な地平を越えて飛躍させるという目的を果たすことができます。それは広い範囲の蔵書を持つ図書館ばかりでなく、最も範囲が限定され、専門化された図書館においてさえも同じことができるのです。

もちろん、創造性を必要とするのは芸術家ばかりではありません。政治家、科学者、教師、実業家、それから図書館員たち自身も、直面する問題や疑問を考えるために、新しい方向を見つけなければならないのです。そこから生まれた新しい考え方は、私たちのこの世界の絶え間のない変化の原因であるとともに、変化に対する反応でもあります。図書館にはもはや使われないような昔の思想が保存されていますが、新しいものを求めて止まない心の中で、異なった思想が互いに交流することによって、昔の思想は、まだだれも考えたことがない疑問を解くための原料となるのです。

一つの社会が環境の変化を受け入れ、発展しようとする時に、ほかに考えようのないほどはっきりしていることがあります。それは、コンピュータで作られる虚像的なものにせよ、あるいは実在するものにせよ、図書館とは食物や住居と同様、社会にとって基本的なものだということです。

「もし図書館を使うことが学習の最終目標でないのならば、学校に行くのは無益だ」と言ったのはレイ・ブラッドベリ（注1）です。創造的な心は図書館に住んでいます。それは、自らの創造性を維持するために、心が図書館を作り出したからです。

注1 「レイ・ブラッドベリ」（Ray Bradbury, 1920-2012） 作家。一九四七年と四八年のオー・ヘンリー賞をはじめ多数の賞と文学博士号とを受けている。『華氏四五一度』を含む小説、シナリオ、詩など多くの作品を発表している。

6. 図書館は若い心を開きます。

Libraries open young minds.

児童とヤングアダルトのためのサービスを担当する図書館員は、お話の時間やブックトーク、夏休みの読書行事、職業選択、美術作品の鑑賞や制作、問題解決のゲーム遊び、その他さまざまな行事によって、若さあふれる想像力に火をつけます。子どもたちを図書館に連れてくるのは、いつもの生活の場から、わくわくするようなところへの旅なのです。学齢前の子どもたちへのお話の時間から、高校生のための職業選択計画まで、児童サービス担当職員は適切に対応しますが、それは図書館に来る一人ひとりの若者の、その年代に特有の要求について、いつも注意を怠らないからなのです。

注　旧版は、「図書館は子どもたち（kids）の心を開きます」でした。

6. 図書館は子どもたちの心を開きます

子どもたちを図書館に連れていくということは、この子たちをいつもの場所からふだんとは変わった所へ旅をさせることと同じです。そこでは就学前の子どもたちへのお話の時間から、高校生のための職業選択に至るまでのサービスがあり、児童図書館員はそれぞれに異なった対応をします。図書館に援助を求めてくる一人ひとりの子どもはそれぞれに独自の成長を示しますし、そこから生まれる要求もまた一人ひとり独特であることを、図書館員がよく考えているからなのです。

アメリカのほとんどすべての公共図書館は、子どもたちに読書をすすめる行事（注1）を夏休みに開いて、子どもたちの読書への興味を育てます。子どもの読書の研究者によると、図書館のこうした活動は、夏休み中に子どもたちが学習能力を維持するのに最も大切だと言われています。

子どもたちは自分自身の登録カードを持つことで、個人としての責任を理解するようになります。というのは、このカードを持つことで子どもたちは、本やビデオ・テープ、オーディオ・テープ、コンピュータ、ゲーム、おもちゃ、その他（注2）の中にある新しい世界に自分で入っていくことができるからです。

公共図書館での児童関係資料の貸出しは、過去十年間、毎年五四％にまで達しています。そして、十四歳未満の子どもたちは利用者全体の三七％を占めています。これは三歳から八歳までの子どもたちのほとんど四分の三が毎年図書館に来ていることになるのです（注3）。

学校図書館メディア・センター（注4）は、全国に九万七九七六館あります。そして、そのすべてが、学校の休み時間の生徒たちの気分転換だけではなく、それよりもはるかに多くのものを子どもたちに提供しています。学校図書館は、子どもたちの心を、さまざまな芸術の表現形式のすばらしさや、新しい感覚対象に向けて開き、また、情報がオンラインから得られようと印刷されていようと、それを集め、評価することを教えて、子どもたち一人ひとりの長所を刺激するのです。

コロラド州における最近の研究によれば、上級学校で最もよい成績を上げるのは、すぐれた学校図書館メディア・センターを持つ学校から進学してきた子どもたちだと言います（注5）。最も設備のよい学校図書館は、生徒たちがこのハイテク時代に生き、かつ働くことに備えて、オンライン・データベース、ファックス、モデム、CD－ROMなどの設備を持っています。

しかし、もっともっと充実する必要があります。教育統計全国センター（注6）の分析表によれば、市の中心部や都市の周辺地域、それに大きな町村にある小・中学複合の公立学校では、図書館を持つ見込みはまずないとされているからです。また、いなかや小さな町村で、生徒数が一五〇人以下の公立学校と、都市中心部にある小・中複合の私立学校も同様な事情にあります。

ある青年は「黒人として生きることは、困難に満ちている」と言いながら、図書館がいかに彼の人生を変えたかを述べ、「毎日有色人種の青年たちが落伍し、命を落とし、自暴自棄になっていく。そうした中で、私は自分にとってできるだけのことを学ぶのが絶対に必要だと思っている。図書館は私の将来を形づくるのに決定的なものだ」と言っています。また、別な青年は「図書館は本以上のもの、生きることそのものだ」と言うのです。

注1　「夏休みに読書をすすめる行事」「夏のリーディング・ゲーム」という行事は、夏休みの終わりまでに読むべき冊数の目標を例えば八冊と定め、それを達成した子どもは全員賞品を受ける、というもの。賞品は消しゴムやバッジなど、高価なものではない。目的は読書への興味を起こすことにあって、優劣を競うものではないからである。

　また、著者、音楽家、スポーツの選手などを迎えて、著書についての話や演奏を聞いたり、季節にちなんだ手作りの工作の会などを開いたりもする。ALAによれば、九五％の図書館がこのような行事を行っており、それに参加する子どもたちの数は、リトル・リーグで野球をする子どもたちの数より多いと説明されている。

　親が図書館に任せきりにするのではなく、自分たちで子どもの読書への興味を高めようという努力もある（『夏休みの読書―アメリカの親たちの実践の手引き（6）―』竹内悊訳　図書館問題研究会茨城支部ブックレット　第十二号）。

注2　「ゲームやおもちゃ」　海外の公共図書館では、ゲームやおもちゃをたくさん持っているところが多い。最初から「読書を」というのではなく、縫いぐるみやおもちゃ、ゲームで遊ぶうちに、だんだんと周囲の子どもたちが本に親しんでいるのに気づき、やがて、自分から本と遊び、ページをめくるようになることが期待されるからである。

注3　「公共図書館の貸出し」　子どもたちの利用者数や児童書の貸出冊数などの統計については、成人と区別していない図書館があるので正確な把握はできないが、子どもの貸出登録は六〇四万人で登録者数の二三・六％、児童書の貸出冊数は一一三二万冊で、貸出総点数の三〇・九％を占める（日本図書館協会の調査による）。

注4　「学校図書館メディア・センター」　アメリカにおける学校図書館の名称。独立の建物である必要はなく、その学校での図書館情報サービス提供のシステムのことをいう。このシステムによって、生徒たちや教師、あるいは関連機関の職員が、本やテープなどさまざまな形態の資料のコレクションとその関連機器を利用し、また、メディア・スペシャリストとそのアシスタントたちが提供するサービスを受けることができる。ALAによれば、生徒たちの年間の利用は一七億回で、州立や国立の公園の利用者数の二倍に当たる。しかし生徒一人当たりの年間図書費は、多くの学校で

約六ドルに過ぎず、しかも学校総数の四分の一には職員がいないという実情にある。

注5　「いい学校図書館の生徒は上級学校でもよく勉強する」いい学校図書館とは、単に施設がすぐれているばかりではなく、そこに生徒たちと教師とにすぐれた援助を提供する「人」がいる、ということである。そして、よく勉強する生徒（あるいは学生）とは、図書館を利用することを知り、自分でものを考えるために必要な資料の探し方を知っている生徒のことである。これについて後藤暢は、岡山市の学校図書館の影響が香川県の高等専門学校図書館の利用率を全国第二位に引き上げたことを、大森輝久の報告を引いて説明している（後藤暢「学校図書館に職員配置を求める運動が意味するもの」『学校図書館を育てる』伊沢ユキエ［ほか］編　教育史料出版会　一九九四　p.200-201）。司書を置けば生徒の成績が上がるという見方もあるかもしれないが、これはもっと基本的な能力の涵養を目的とする、息の長い仕事と受け取りたいと思う。

注6　「教育統計全国センター」（National Center for Education Statistics: NCES）　U.S. Department of Education, Office for Educational Research and Developmentの一部局）。

■南相馬市立中央図書館テラス

7. 図書館は大きな見返りを提供します。

Libraries return high dividends.

図書館はその地域のために、図書館サービスによって大きな見返りを提供しています。図書館の維持運営に使われる税金一ドル当たりでみると、どの地域でも一ドル三〇セントから十ドル相当のサービスをしているのです。サービスの充実した公共図書館や学校図書館があると、その地域の経済活動がもっと活発なものに変わります。アメリカ人は公共図書館から毎年一人当たり平均七冊以上の本を借り出しますが、その経費は税金にすると三四ドル（約三、四六〇円）に当たります。それはハードカバーの本一冊の値段でしかないのです。

注　日本の公立図書館数は三、二二八館、二〇一二年度の貸出点数は七億一一三七万点、国民一人当たり五・六点に当たります。このための図書館経費は、文部科学省地方教育費調査（二〇一二年度決算）によれば二七五三億六〇八七万円、国民一人当たり二、一七四円です。これは日本の出版物全体の平均定価

7. 図書館は大きな見返りを提供します

ガロのブドウ酒（注1）と「これがヨーグルトだって?」（注2）の会社、それから大きな広告塔で有名な巨大企業メトロメディア放送（注3）に共通なこととは一体なんでしょうか。それは、この各社の社長たちが将来ビジネス界の巨人になろうという野心だけで、具体的な方策を持たない若者だったころ、仕事を始めるための重要な情報を提供し、その結果彼らを百万長者にしたのが図書館だったのです（注4）。

図書館は、そうした遠い目的の実現だけではなく、もっと身近な目標に向かっても援助を提供します。イリノイ州マンダレーンのダグラス・C・シュミットは「私の受けた教育と、その後の仕事の展開は、図書館に負うところが大きい」と言っています。この人は、テキサス州にある小さな財団について図書館で調べ、その結果、その財団から六千ドルの奨学金を受けることができました。J・B・フクヮ

（二〇一二年）に近い値です。つまり本一冊の値段で、図書館資料五・六点を借り出していることになります。

■ 神奈川県立川崎図書館科学技術室

はアトランタに本社を持つフクヮ工業の社長ですが、まだ十代の時にはデューク大学から地域の公共図書館への図書館間相互貸借（注5）を受けて、自分の教養を積みました。後年、彼は大学に多額の寄付をして感謝の意を示し、そして大学は彼の名を経営学部につけて謝意を表したのでした（注6）。

このような成功物語を生んだ元手、つまり図書館経費は、税金の中から一年間に人口一人当たり二〇ドル弱（二、三〇〇円）が割り当てられているに過ぎません（注7）。これは、なんというまい話でしょうか。特に、無数の求職者、企業人、投資家などが地域の図書館を自分の財政状態向上のために役立つものとしており、そしてその人たちの収める所得税の総額のことを考えると、その感を深くします。

これは公共図書館だけの実例にしか過ぎません。他の館種では、最近、『フォーブズ・エイサップ』誌に報道された、オハイオ州立大学（所在地・チリコシー）図書館長スタン・

プラントン氏の成功例があります。それは彼がインターネットを通して、この地域とロシアの企業人間の国際取引の成立を援助したからです（注8）。また、ケンナメタル社の図書館員ジム・オコンナーは、図書館間相互貸出を通して彼が捜し出した本が、会社にとってきわめて重要であったことを詳細に語ってくれました。当時会社は、二五〇〇万ドル（二八億七五〇〇万円）と評価される特許権について他社と争っていましたが、それに勝つためにきわめて重要な情報がその本の中にあったのでした。

しかし、一般的には図書館のこのような方向が認められ、支持されているわけではありません（注9）。それどころか、次のような傾向が増えていると考えられます。つまり、来るべき電子情報界のビル・ゲイツ（注10）たちに手取り足取り成功のコツを授けているはずの図書館員が、むしろ情報流通の財源作りに汲々としているのです。また、図書館員の中には、サービスを縮小させられたり、外部委託を導入させられることによってすっかり元気をなくし、今に図書館の最も基本的なサービスさえも有料になってしまう、と感じている者もあります。さらに、米国人事局図書館（注11）やベーカー・アンド・マッケンジー国際法事務所で突然解雇された職員（注12）のように、自分の仕事について主張する機会さえも与えられない図書館員もいるのです。

連邦政府の経費から各地の公共図書館の維持のために使われた金額は、二十五年間で、航空母艦一隻（約三五億ドル＝四〇二五億円）よりも少なく、年間税収の一％にも足りません（注13）。もしこの金額が倍増されたら（注14）、経費不足によって縮小されたサービスを図書館員がどれほど復活できるか考えてみようではありませんか。それこそ納税者には、ひとごとではいられない、アメリカとの取引なのです。

注1　「ガロのブドウ酒」（Gallo wines）　カリフォルニア州のブドウ酒醸造元。世界第一の生産量を持つ。

注2　「これがヨーグルトだって?」　"I can't believe It's Yogurt!" という名前のヨーグルトを販売するチェーン店。アメリカ全土に

百のフランチャイズを持つ。フローズン・ヨーグルトとグルメ好みの熱いコーヒーとを売り出して冬季の営業成績を上げた。一九九六年、Yogen Fruz World-Wide Inc. と合併。

注3 「メトロメディア社」(Metromedia Communications Corp.) 大手のケーブルサービスの会社。ケーブル・テレビジョン、ワイアレス・テレフォン、ラジオ放送などを提供する。

注4 「図書館が彼らを百万長者に」 ＡＬＡによれば、オクラホマ州タルサの経営者を対象とした調査において、図書館は、新しく企業を始める人びとが成功するために必要な機関のトップにあげられているという。

注5 「図書館間相互貸借」(interlibrary loan) 図書館間で協定を結び、自館にない資料は、協定館から借りて利用者に提供するシステム。日本では国立国会図書館の協力貸出、県立図書館と市町村立図書館間、市町村立図書館相互間などで行われて、「利用者から要求された本は、草の根を分けても捜し出す」という図書館員の合言葉を支えている。この他に地域によって、館種を越えた協力と貸出しをするところも出てきている。

注6 「デューク大学フクヮ経営学部大学院」(Fuqua School of Business, Duke University) ノースカロライナ州ダーハムにある総合大学。フクヮの場合は、彼が読みたかった本が公共図書館になく、その図書館がデューク大学図書館から借り受けて提供したことがたびたびだったのであろう。

注7 「人口一人当たり二〇ドル弱」 ＡＬＡは、成人の半数以上が図書館の利用者であり、年間の貸出冊数の平均は一人六冊に上る、という数字をあげている。

注8 「オハイオ州立大学の例」 これは日常のレファレンス・サービス(利用者の疑問を解決するための相談業務)の中から生まれてきたものであろう。アメリカの大学図書館員は年間、九四〇万件の質問(大学間のフットボール競技を見に行く人の数の三倍以上)に答えるとＡＬＡは言っている。

ちなみに、公共図書館は年間三億四二〇〇万件の質問に答えるという。

注9 「一般に支持されているわけではない」 ＡＬＡによれば、大学図書館の経費は、高等教育費一ドルに対して、一九八〇年度は三セント、現在は二セントである。一方、学術雑誌の価格はこ六年間で二倍になっている。

注10 「ビル・ゲイツ」(William Bates, 1955-) マイクロソフト社の創立者として著名。

注11 「連邦政府人事局図書館」(U.S. Office for Personnel Management Library) アメリカ政府の人事管理に関する基本的な図書館であったが、人員削減の対象となり、一九九五年九月二十九日をもって閉鎖、四人のスタッフは一時休職。九万冊の蔵書は法律関係だけを残し、他は議会図書館その他の機関に分散されるという。この人事局は九四年に四〇〇名余、九五年には二六〇〇

万ドルの予算と二九四名の人員の削減を受けたので、それへの対応として図書館を閉鎖した。これに対して、全面閉鎖は納得できないという声もある。ALAはこれについて「重大な関心」を持つことを表明し、この図書館を閉鎖、分散することによって、この分野の研究に深刻な事態が生じることを警告している（*American Libraries*, Vol.26, September 1995, p.746-747）。

注12 「マッケンジー国際法事務所」（Baker & McKenzie） シカゴにあるアメリカ最大の国際関係法律事務所の一つ。三人の図書館専門職と七人の補助要員で運営する法律専門図書館を持っていたが、一九九五年三月、突然全員解雇を言い渡された。経費削減の必要から、所属の法律家に対する支援スタッフの率が高いことが問題となり、秘書をはじめとする三五名の解雇のうちに図書館員全員が含まれたのであった。事務所側は、法律専門のデータベースから必要な情報が得られるようになれば図書館員の援助は要らないし、必要な情報は外部から買えばよい、と言う。図書館主任はそれに対して、コンピュータを使いこなせるのはこの事務所にいる法律家の四分の一に過ぎず、法律に関する情報は専門のデータベースから得られるにしても、その法律問題を取り巻くさまざまな情報の入手に図書館と図書館員とは不可欠だと述べている。アメリカ法律図書館協会は対策本部を設け、この問題についての調査、検討を始めた。なお、法律を専門とする図書館員のサービスの有効性からいって、このような動きが他の法律事務所に波及することは考えられないと法曹関係者は述べている（*American Libraries*, Vol.26, June 1995, p.491-496）。

　こうした反対にもかかわらず、この法律事務所の図書館は閉鎖された。しかし、二年後、法律を専門とする図書館員を主任に迎えて、極めて小規模ながら再開された（*National Law Journal*, April 28, 1997, p.A4）。他の州の政府機関でも図書館を閉鎖したが、それではその機関の任務を果たせないことに気づき、再開に向けて動き出すところが出てきている。

注13 「連邦政府と地方自治体との図書館経費」 クリントン大統領は、『アメリカン・ライブラリーズ』誌の質問に対して、「公共図書館はコミュニティの教育センターだ」と答えている。これは彼が図書館を教育振興政策の柱の一つと考えていることを示している。その公共図書館予算は、一九九六年度一億三二五〇万ドル、九七年度は一億三六三〇万ドルである（*American Libraries*, Vol.27, No.11, December 1996, p.36）。これは人口一人当たり五四セント弱に当たり、満足すべき額には遠い。それでも九七年度に三八〇万ドルの増加を見たことは、図書館の重要性を説き、それにふさわしいサービスを提供しようとする図書館員の努力と、それを理解し、支持する住民の力とによるものであろう。この人たちは各地で議員に働きかけ、毎年四月の全国図書館週間に首都ワシントンに集まり、上下両院の議員に図書館振興を訴えているのである。

　また連邦政府、州および市町村で徴収する税金合計額のうち、図書館に使われる金額はその一％以下に過ぎず、資料費と運営費の合計は年間四七億ドル（五四〇五億円）、人口一人当たり一九・一六ドル（二、二〇三円）とALAは述べている。

　日本の状況について文部科学省地方教育費調査では、一九九七年度の公立図書館の総経費は三四四〇億六九五七万円、国民一人当たり二、七五四円五四銭、公立図書館の経費（人件費を除く、資料費を含む）の予算総額は、一三七三億二一八六万円（臨時経費を含む）、国民一人当たり一、一〇二円である。

注14　「もしこの金額が倍増されたら」　ＡＬＡは一九九三年度のギャラップ世論調査に基づき、大多数のアメリカ人は、公共図書館に対する税金からの支出を現行の二倍とすべきだと考えていると言う。この調査では、回答者の六二％が図書館利用者であったが、この人たちは当時の人口一人当たり一八・七三ドルの経費を三六・九四ドルまで増加すべしと答え、三八％の非利用者は、三〇・六ドルまでの増額に賛成したと言う。

■ 大阪市立中央図書館研究室

8. 図書館はコミュニティをつくります。

Libraries build communities.

人びとは図書館に集まって、芸術やメディアから情報を得、経験したこと、体験できたことをおたがいに共有し、コミュニティのことを議論したり、遊んだりします。図書館ではこのコミュニティという言葉を広い意味に解釈しています。そこで学者たちのコミュニティとか、聴覚障害を持つ人びとと、ゲイの人たち、ゲームの愛好者、その他さまざまな人びとのコミュニティができます。そしてその一つひとつが図書館の中に自分たちの図書室とその目的に沿ったコレクションを持ちます。図書館はそれぞれの存在価値を認め、差別をすることはありません。図書館は、人間の生活を守り、その生活の記録を保存するのです。

注　今までは「地域」がコミュニティの基礎と考えましたが、今では共通の関心を持つ人のほうに重点が移ったかと思います。

8. 図書館はコミュニティを作ります

図書館の分野では、コミュニティという言葉を、広い意味で使います。そこでは、研究者のコミュニティ、聴覚障害を持つ人びとのコミュニティ、ゲイたちのコミュニティ、アフリカ系アメリカ人のコミュニティ、世界的なコミュニティという表現もありますし、その他にもたくさんの使い方があります（注1）。そして、そのコミュニティそれぞれが図書館（注2）を持ち、その目的にそったコレクションを持つのです。図書館は人間という存在を無視することなく認め、そしてその相違や対立を統合する働きを持ちます。つまり図書館は、人間の生活をそのまま受け取り、人びとの生活記録を保存することによって、人間の生活の全体を保存するのです。

「だからこそ高齢者は車に一杯の本を持ってきて、図書館に寄贈したいというのです」とレベッカ・チェクラスという専門図書館員が言いました。「この人たちは『これをなくしたくはないのだ』と言います。でもこの人たちが本当に言いたいことは『私が生きてきたということを失いたくはない』ということなのです。」

「図書館は一九二六年、私がミズーリ州カンザス市の図書館のお話の時間に初めて出席して以来、私の生活になくてはならない部分でした」とジェーン・ケアリー・ソートーアは言っています。「それから数年後、フィラデルフィアに住んでいたとき、私の家庭事情を理解してくれた図書館員が、放課後お母さんの仕事が終わるまでの時間、図書館で本を読んだり館内で過ごしたりすることを許してくれました。それは鍵っ子にとって安全な天国でした。さて今日、私たちの心遣いと愛と支持とで、アメリカ中のどの市、どの村落にも、この地域社会の伝統である公共図書館を健全に、そして完全に維持しなければならないと思います。」

アート・プロトニクは著述家であるとともに、アメリカ図書館協会の編集長でもある人ですが、確信を持って次のように述べています。「図書館は、個人の力では持続し得ない、集合的な知識水準にまで文明を高め、維持することができる。図書館の中を歩き回ってみよう。そして図書館でわれわれアメリカ人たちにできる前向きのことがどれほどたくさんあるか、見てみよう。それは、その費用を地域社会が分け合っているからこそできることなのだ。一方、図書館の外で何が行われているだろうか。そこは商業的、独占的利益が支配する世界である。もしその世界にあるものが利益追求だけだったとしたら、テレビの映像が見ているうちに少しずつ外のものに変わっていくように、他の世界もいつか醜いものになってしまうということを考えてみようではないか。」

コミュニティを作るとは、図書館が情報によって人びとを結びつけることを意味します。今や人びとは、インフォメーション・スーパーハイウェイ（注3）という名前で知られている無数のデータベース群から情報を引き出すようになっていますが、それにつれて、図書館員とは、その人びとを援助する専門家だという認識が広がってきています。メリーランド州では、住民は家庭でも、学校でも、職場にいても、オンラインで投資情報、旅行の助言、職業紹介のリストなどを手に入れることができます。これは連邦政府の予算で、この州のセイラー計画（注4）に対する補助金が出るため、州内のどこからでもインターネットにアクセスできるからなのです。

　図書館はコンピュータ・ネットワークによる未来空間を語る以前から存在していました。そして、今日のスーパーハイウェイへの道を開いてきたのです。今日、多くのアメリカ人は図書館において、そのスーパーハイウェイに初めて乗り入れることになるのです。

注1　「コミュニティ」　日本では普通、地域社会と訳して、どちらかと言えば狭い地域に重点を置いて解釈する傾向が見られる。しかしここでは、「一つの場所、地域、国に住み、共通の意識に支えられた集団を意味する一般語、the American Community in Tokyo　東京のアメリカ人社会」（『ランダムハウス英和大辞典』第二版　小学館　一九九四　p.557）を基本とし、さらに地域の枠を広げて世界に及ぼしているものと考えられる。

注2　「コミュニティそれぞれに図書館」　この図書館は必ずしも独立のものである必要はなく、大図書館の中の主題別コレクションをライブラリーと称することも多い。例えば一九九六年四月に開館したサンフランシスコ公共図書館の新館には、視覚および聴覚の不自由な人、新しく移住してきた人、中国系アメリカ人、ゲイとレスビアン、ヤングアダルトなど、それぞれのコミュニティのための図書館が含まれている（『サンフランシスコ公共図書館　限りない挑戦』悦子・ウィルソン著　小川俊彦編　日本図書館協会　一九九五）。

　また、アトランタ市内に一九九四年に開館したオーバーン・アヴェニュー・リサーチ・ライブラリーは、アフリカ系アメリカ人の文化を研究するための、ロサンゼルス市立図書館のリトル東京分館は日系人のための図書館である。

注3　「インフォメーション・スーパーハイウェイ」　クリントン大統領の就任直後の指示により、副大統領ゴアを責任者として進めている、コンピュータ端末を利用した双方向の高度情報ネットワーク計画。情報だけでなく、映画の鑑賞やショッピングまでも端末操作で可能にする。アメリカ人にとっては、一九二〇年代の国内電話網の整備による音声の即時伝達、一九六〇年代のハイウェイ網の完成による人と物との迅速な移動、そしてその次に、一九九〇年代には情報を広い範囲から即時に入手できる時代がくるという順序である。その一方で、知的財産権や情報利用の倫理、青少年への影響、そして豊かに情報を持つ層と情報に貧しい層との間に生まれるギャップの問題などが真剣に議論されている。なお、これについては、旧版（p.44-57）に、「インフォメーション・スーパーハイウェイの公平利用について――その問題点と可能性」

（アメリカ図書館協会）が掲載されている。

注4　「セイラー計画」（Sailor Project）　この経費は、設置と初年度の費用を併せて二〇〇万ドル弱。全額を図書館奉仕および建設法の経費で賄った（*American Libraries*, Vol.25, September 1994, p.702）。

ちなみにセイラーという名は、この地方で育成された猟犬に由来する。極めて優秀なレトリーバーであったからである。しかし今日では帆船をロゴとして使っている。メリーランド州はチェサピーク湾が深く入り込んでいて、帆船が交通の重要な手段であり、したがってこの州の象徴的存在であったことと、今日のインフォメーション・スーパーハイウェイにおいて、このシステムがすぐれたナビゲーター（航海士）であることという理由による。

■名護市立中央図書館グループ室

9. 図書館は家庭を支えます。

Libraries support families.

図書館は、昔から家庭で行われてきた遊びや活動を活発にするため、親と子が任意に参加できる場を設けます。それは、宿題の相談センター、育児のためのコレクション、学童保育、アウトリーチ、一対一での読み聞かせ、初歩的な識字プログラムなどです。今日の家庭は、二十一世紀における経済的・社会的状況に対処するための努力を続けていますが、各地の図書館もそのサービス対象である家庭と同様な努力をしているのです。利用者が図書館に来ると、専門の司書がさまざまな角度から検討して選択した資料を提供し、多様な文化的背景を持つ人びとがたがいに理解しあえるように働き、それによって図書館サービスを「家族に優しい」ものとするために献身しているのです。

注　旧版は「図書館は家族のきずなを強めます」でした。

9. 図書館は家族のきずなを強めます

ウォード・クリーヴァーとジューン・クリーヴァー（注1）で有名なホームドラマが示す和やかな家族生活の時代はもはや過ぎ去りました。今は一九九〇年代です。今日の家族生活は、母親が家にいようと外に出て働こうと、それにはかかわりなく、自分たちの力ではどうにもならない社会的な傾向によって悩まされています。それは、麻薬、十代の乱交、暴力、離婚、幼児および高齢者に対する行き届いた介護の欠如、などの現象です。幸いなことに、図書館はアメリカの家庭の最もよき友人として、家庭に援助の手を差し伸べてきました。そしてそのサービスは、どんな困難にでも立ち向かえるほどの熟練で裏付けられているのです。

そのサービスの種類には、家庭学習センター、家族ぐるみの識字教育（注2）、家庭で行う義務教育（注3）への支援、子どもたちへのお話の時間、育児のための資料、放課後の子どもの活動、夏休みの読書行事、健康管理についての情報、そして保育所、学童クラブ、ホームレスの収容施設に出掛けてのサービスなどがあります。このサービスの対象となる家庭の状況が変化するのと同様に、どの図書館も一九九〇年代とその後の時代の変化に適応できるよう、努力を続けています。

アメリカ図書館協会は利用者たちから、図書館を使って問題を解決したという話を多年にわたって聞いてきました。例えばマーガレット・ブラウンは五人の子どもの母親ですが、親として子どもたちの学習の相談に乗ってやりたいという夢を持っていました。しかし文字を読むことができません。そこで彼女はイノック・プラット・フリー・ライブラリーの識字資料センター（注4）に通って読書能力を身につけ、とうとうその夢を実現したのです。また、ミネソタ州プリンストンのコンスタンス・ホッダーは、図書館がダウン症についての本を紹介してくれたことに感謝しています。その本に書かれていることを実践した結果、彼女の息子マークは「今、話すことも読むことも」できるようになったと言うのです。

人びとはよく家族連れで図書館に来ます。一九九四年中には、九八〇〇万人の成人と、三歳から八歳までの子どもたち二四〇〇万人が少なくとも年に一度は図書館を使いました。この人たちはそこで、家族に適したサービスを続けようと決意している図書館員に出会うことができます。この図書館員たちは、どんな生い立ちの人でもお話を語る材料が得られるように、さまざまな範囲にわたって選択された本――キリスト教にかかわる創作から、中国の苗族の民話に至るまで――を用意し、それを提供してくれるのです。

図書館はこのようにすべてを包み込むという性格を持っています。そこで図書館員は、ワシントン州イヴェレットのバーバラ・リツマのような境遇の人から、いつまでも尽きない感謝の言葉を贈られるのです。というのは、この家の夫婦がそれぞれ別の人種に属するため（注5）、自分たちが住んでいる小さなコミュニティの中で偏見の対象となり、付き合う人もいませんでした。それが、四〇キロメートル離れた町の公共図書館で、「受け入れられ、そして自分たちそれぞれの人種の本を見つけた」からでした。

注1　「ウォード・クリーヴァーとジューン・クリーヴァー」（Ward & June Cleaver.〝Leave It to Beaver〟）　クリーヴァー家の二人の子ども、ウォリーとビーバーを中心として展開するホーム・コメディ。一九五七年からTBS、五八年から六三年までABCから放映された。アメリカ人にとっての理想的な家庭を描いたテレビ番組として人気を集めた。

注2　「家族ぐるみで学ぶ識字教育」　第二条（p.17-19）参照。

注3　「家庭で行う義務教育」（home schooling）　子どもが学校に通わずに、家庭で教育を受け、義務教育の修了が認定される制度。親の教育上、あるいは宗教上の信条や子ども自身の条件に基づいて実施が認められる。教育に当たる人は、教育委員会の定める資格を持つ必要がある。これに対し、公共図書館や学校図書館は援助を提供する。「学校に行かなくても成長する」（GWS＝growing without school）運動と関連して普及しつつある。

注4　「イノック・プラット・フリー・ライブラリーの識字資料センター」（Enoch Pratt Free Library, Literacy Resource Center, Baltimore, Maryland）　この図書館はボルティモア市立図書館であるとともに、メリーランド州立図書館の役割をも果たしている。ボルティモア市は、市民全体が読書能力を持つことを目標とし、図書館活動の第一の目的を識字能力の普及においた。そして図書館組織のうちの一館を本部として、「家族ぐるみで読書するプログラム」「総合開発計画」「英語を母国語としない人たちのためのコレクション」「学習支援機器の利用」「教育のためのソフトウェアやビデオ・テープ」「個人指導」などの計画を立て、実施している。

注5　「夫婦が別な人種に属する」　これはinterracial marriageを指すものと考えられる。理論上は、同じ民族でない二人の結婚はすべてこれに含まれるが、アメリカ合衆国の各州の法律で禁止されていたのは、白人とアフリカ系アメリカ人との結婚であった。一九六七年の最高裁判所の判決によって、このような法律は違憲とされ、その後は人びとの態度も年を追って変化が認められるという。しかし、人種、宗教、文化の違いに対する偏見はなおはげしく、このような夫婦に対するホテルの宿泊拒否、勤務先の上司や同僚の否定的態度、家の賃貸・購入への圧迫や業者への脅迫、爆弾によるテロル、子どもに対する差別、その中での子ども自身の民族的アイデンティティの問題など、多くの事例が報告されている。一方、このような異人種間の結婚は、お互いの文化に目を開き、理解を深め、新しい考え方と積極的な生活態度を生むという長所があることにも理解が深められている。地域の偏見に悩む人びとにはボランティア・グループの支援活動もあるが、公共機関としては、地域の公共図書館がこの人たちの相談にあずかるところとされている（*The Facts about Interracial Marriage*, by Paul Almonte and Theresa Desmond. New York, Crestwood House, 1992）。

■ 田原市中央図書館児童室

10. 図書館は、情報機器を使う能力と考え方とを育てます。

Libraries build technology skills.

図書館のサービスやいろいろな計画・催し物などは、利用者に、筋道を立てて考えることと、情報活用能力の向上を図ります。ほとんどすべてのアメリカの図書館ではインターネットの利用ができますし、また問題解決能力や科学的な調べ方、学際的な考え方、媒体の使い方、まとめ方、発表の仕方とリーダーシップの育て方、市民としての義務、国際的な問題についての見識、健康および環境問題についての認識などについて、図書館員と相談することができるのです。

一方、図書館の利用者は、求人情報をオンラインで探し、ワードプロセッサーのソフトウェアを使って履歴書の文を推敲し、応募書類に記入し、新しい専門職種を調べ、新しい職業についてのワークショップに参加し、補助金ないし奨学金を得る道を探します。公共図書館は、さまざまな技術の集合体として、コン

10. 図書館は一人ひとりを刺激します

児童図書館員ドロシー・ブロードリックは、国内の図書館という図書館は全部、ドアに次のような表示をすべきだと強く主張しています。それは「この図書館には、皆さん一人ひとりをいら立たせるような資料があります。もしあなたがここでいらいらなさらなかったら、どうぞ私たちに苦情を言ってください」というのです。

ブロードリックの考え方を支持する図書館員にとって、今日のさまざまな社会的問題への対処はさほど困難ではないかも知れません。と言うのは、宗教的右翼が繰り広げる非寛容性と、政治的左翼の主張するポリティカル・コレクトネス（注1）の高揚の間に挟まれて、アメリカ国民はこのごろ人を中傷することが多くなっているように見えるからです。アメリカ図書館協会知的自由部（注2）の報告によると、このような傾向を反映して、図書館の蔵書に対する検閲（注3）がここ数年来増加の傾向にあると言います。

ピュータを使い、インターネットを利用して、きわめて広範囲にわたるサービスを無料で提供しています。

注　旧版は「図書館は一人ひとりを刺激します」でした。「そんなことがあるのか?」と思うような知識や情報、時には人が問題視するものまで置いて、人がものを考えるための材料にすべきだというのです。それは鋭い指摘でしたが、今回は「情報化社会での図書館の役割」に置き換えています。

しかし、図書館が利用者をいら立たせるということは、図書館のきわめて重要な目的を実現するためなのです（注4）。アメリカの桂冠詩人リタ・ダブ（注5）は最近、アメリカ図書館協会年次総会の講演で、数千人の図書館員たちに向かって、「あなたがたは、可能性の入り口を司る人であるべきであって、現状維持の番犬ではないのです」と語りかけ、参加者たちの共感を得たのでした。

図書館のこういう性格は、図書館界の外でさえもよく知られています。ノース・カロライナ州のある公共図書館は「ゲイであることを誇りとする月間」にちなんで展示会を主催し、賛否の議論を巻き起こしました。これについて『ダーハム・モーニング・ヘラルド』紙は「図書館というものは本来教育的であると同時に挑戦的であるべきだ」と言い、さらにそれを説明して、「図書館はすべての所蔵資料がすべての人びとにそのまま受け入れられることを期待すべきではない。――何らかの資料を、それを必要とする一人ひとりに提供するところなのだ」と主張したのでした。

この、人をいら立たせる意欲——あるいは義務——は、どんな問題であろうと、アメリカ国民にとって意味を持つのなら、そのすべての面を見ようという寛容性と意志とを暗示しています。そして特にこの意欲が、図書館の性格である平等主義と開放性とに結びついたとき、最も価値あるものとなるのです。

注1　「ポリティカル・コレクトネス」（political correctness: PC）政治的妥当性と訳される。性差別や人種差別において、差別される側の権利を主張し、擁護する立場をとること。これが政治団体によって主張されると、急進主義の不寛容性と結びついて、学問の自由や言論の自由を脅かす場合もあるとされる。

注2　「アメリカ図書館協会知的自由部」（ALA Office for Intellectual Freedom: OIF）　第二条で言及された「識字およびアウトリーチ・サービス部」（ＯＬＯＳ）（p.19 参照）と並んで、アメリカ図書館協会の部局の一つ。この協会の「図書館の権利宣言」*に示されている「知的自由」という概念を具体化するため、その本質と重要性とを図書館員と社会とに知らせることを目標として活動する。協会の知的自由委員会と連携し、また、各州の知的自由委員会や、類似の目的を持つ各種団体と協力している（*ALA Handbook of Organization*, 1995/1996, p.4 参照）。

＊「ＡＬＡ図書館の権利宣言」『図書館法規基準総覧』武田英治責任編集　日本図書館協会　一九九二　p.1454

注3　「図書館の蔵書に対する検閲」（censorship）　特定の蔵書に対して、個人または団体から図書館の蔵書としては不適当だという意見が出ることがある。これは利用者として、また納税者としては当然の行動である。しかし、その意見がその著作全体の評価に基づくものではなく、特定の立場から部分を取り上げて、その著作全体を否定するのであれば、それは検閲と呼ばざるを得ない。さらに意見表明の域を越えて、その本を書架から外せとか、図書館長の責任を問う、という運動になることがある。これは蔵書に対してばかりでなく、展示や講演会などの活動もその標的となり得る。

検閲の対象には、本、ビデオ・テープ、オーディオ・テープ、写真、図書館に置かれる彫刻や絵画などが含まれる。そしてこれらの資料には、犯罪、暴力、殺人、性、ゲイとレスビアン、呪術、宗教、少数民族の問題と多民族・多文化主義、その他アメリカの伝統に反するものが描写されていて、公共図書館や学校図書館の蔵書としては不適当だとするのである。特にここ数年間に報告されている検閲の例に見る限り、これらの資料が児童に悪い影響があるという意見が強い。それはアメリカ社会の変化を反映する著作物が児童書の分野にもあらわれるからでもあり、また「家庭を守れ」という政治家のスローガンや、出版物を規制する法律を作ろうとする動きともかかわるものと考えられる。そして、子どもの読書記録を親に公開せよ、という要求も出てきている。

このような意見表明から検閲へという動きに対して、図書館では理事会あるいは理事会が指名する委員会が、「図書館の権利宣言」に基づき、かつその図書館の資料選択方針（公開されている）と苦情処理の手続きにしたがって問題の解決に当たる。問題を提起した人に対しては、それが住民としての当然の権利だという認識のもとに、相互理解を求めての話し合いを行う。また「子どもに好ましくない」という意見に対しては、親の考えがそのまま子どもに適用できるかどうか、子どもの感受性を信頼するという考え方もあり得るという助言もする。圧力的な運動に対しては、委員の投票によって図書館の態度を決することもある。要求が否決された場合、不満の声もあるが、住民からの支持が表明される場合が多い。

注4　「利用者をいら立たせること」　ハフナー（第一条注参照）は、これについて、図書館は商業的な利益追求の機関とは異なり、違った意見について考える機会を提供するための機関であるという。そして、そういう機関を社会が持つことが、開かれた、自由な社会の条件であると言っている（前掲書、p.25-26）。

注5　「リタ・ダブ」（Rita Dove, 1952-　）　詩人。英語教育者。一九九三―九五年度のアメリカ桂冠詩人。一九九一年、詩の部門ではピュリッツァ賞、一九九五年、多くの大学から名誉文学博士号を受ける。この発言は、一九九五年六月二十四日、シカゴにおけるアメリカ図書館協会第百十四回年次総会での記念講演においてであった。

■ 鶴見大学図書館検索機コーナー

11. 図書館は心の安らぎの場を提供します。

Libraries offer sanctuary.

図書館では、人を深い考えに導き入れる雰囲気を作り出して、人が静けさとともにすべての雑事から超越した感覚をもつようにしています。それが人の心を新しいアイデアと判断に向けて開いていくのです。図書館で人は、だれにも煩わされることなく、自分の思い、空想、願い、夢にひたることができ、問題を共有する仲間と静かに過ごすという最も貴重なものを育てる自由があるのです。図書館はコンピュータとデータベースとによって情報を効果的に入手できる場所であるとともに、行き届いた設計とデザインが育てる、明るさと温かさとの世界でもあるのです。

11. 図書館は心の安息の場を提供します

「私がいちばん好きなのは、平和と静けさです」とテキサス州ロングヴューの物理療法家で、父親でもあるジョン・オサリヴァンは言っています。彼は図書館に子どもたちを連れて行ったり、自分のための本を借りに行ったりします。しかし彼が図書館で何を見つけてくるかということは、ここではあまり重要なことではありません。大事なのは、図書館が彼にとって「サンクチュアリー」となった、ということです。

「サンクチュアリー」とは隠れ家、避難所、聖域を意味します。図書館を説明するのに、宗教上の用語は普通使いません。しかし、古代のアレキサンドリアの図書館（注1）や現在のサラエボ国立図書館（注2）の戦火による災害について聞き、何かを感じとった人は、恐らく宗教的感覚に非常に近いものを感じたのではないでしょうか。図書館とは畏敬の念を起こさせるものです。それはユダヤ教会、キリスト教会、イスラム教寺院やその他の聖域のように、そこに入っていくと平安、心服、謙遜、敬意などの感情に包まれ、それが心を開放し、体中をほとんど精神的なよろこびで満たします。一体なぜそんなことが起こるのでしょうか？

恐らく、図書館にある本の中の最も凶暴で最も過激な議論も、静かに本をとじることによって終わりになるからだと思います。

それは恐らく、図書館の本棚に沿って指をほんの数センチ動かせば、たった今読んだばかりのものとはまったく反対の観点を見つけることができるからでしょう。また、異なる観点をたくさんあげて、それぞれの長所を考察し、それぞれを尊重する筋の通った意見を見つけることができるからでもありましょう。

それはまた、図書館がずっと以前にこの世を去った賢明な男女――過去の文明の中で、教養ある市民そのものだった人たち――の意見を今日の男女の意見のそばに並べているからでしょう。それはまったく信じがたく、また、予期し得ない光景です。そして、そこに、いつもは無関係と思いがちであった世界に共通性があることをはっきりと象徴しているのです。

あるいはまた、図書館では、だれかに質問され、それにすぐに答える必要がないから、とも言えましょう。そこでは私たちはただ自分の個人的な考えや空想、希望を持ち、そして自分にとって最も貴重なものを、私たちが知らない無言の人たちとの交渉を通して、自由に育てることができるのです。

世界のどの宗教も、人間の持つ神性に精神的な意味を与えてきましたが、しかしそれだけでは不十分だということを認めざるを得ませんでした。そして、神聖な遺物や場所に価値があるとしましたが、それは最もすぐれた洞察力を持つ人の心理によらなければ説明できません。これに対して図書館は、少なくともその可能性の点で、重んずべき対象、つまり資料をその中に持っている聖なる宇宙と言えましょう。コンピュータ・ネットワークとデータベースは、情報を利用する上で、すぐれた手段を提供しますが、しかし、光の動きや陰やにおい、静けさ、手触りなどを提供することはできません。実はそれこそが私たちの体を鋭敏に刺激し、人間の経験や知識の巨大な神秘について知らせてくれるものであり、図書館とはまさにその神秘に触れる聖域なのです。

注1　「古代アレキサンドリア図書館」　プトレマイオス王朝によってエジプトのアレキサンドリアに建てられた図書館。紀元前三世紀初頭からムーセイオン（学芸の館）に付属し、ここに集まった学者たちによって、ホメロスに始まる古典の収集、校訂、研究、翻訳が行われた。その最盛期の蔵書は七〇万冊という。前一世紀の内戦、シーザーの進攻等の戦火を受けて衰え、六四五年、イスラム教国のアレキサンドリア征服によって、破壊されたという。蔵書は燃料にされたという説もある（*History of Libraries in the Western World*, 2nd. ed. by Elmer D. Johnson. Scarecrow, 1970, p.55-59）。

注2　「サラエボ国立図書館の戦火による災害」（Sarajevo National and University Library）この図書館は、ボスニア・ヘルツェゴビナの国立図書館であるとともに、この地の国立大学図書館でもあったが、一九九二年八月二十五日、内戦の標的となり、三〇〇万冊の蔵書のほとんどが火に包まれたという。この図書館は十六世紀以後のイスラム文化の貴重書一五万五〇〇〇冊を持つことで著名であったが、その資料は戦火を避けるために地下室に運ばれ、そこで水につかってしまったと言われている。なお、この図書館の建物は、かつてサラエボの市庁舎であったが、一九一四年六月二十八日、オーストリア皇太子フランツ・フェルディナントとその妃がここで暗殺され、第一次世界大戦の導火線となった。この地の民族問題を象徴する建物と言えよう（*American Libraries*, Vol.23, October 1992, p.736）。

この図書館は米国ＵＭＩ社（University Microfilms International）の援助によって再建されることとなった（*Information Outlook*, Vol.1 Jan. 1997, p.6）。

12. 図書館は過去を保存します。

Libraries preserve the past.

図書館は地域の歴史や、音声による地域の物語の記録、そこでの出来事や文化の視聴覚的記録などの保存の場です。この記録が今後デジタル化され、デジタル図書館としてオンライン化されたら、はるか数千マイルかなたの地域のコミュニティと文化とをこちらで体験をし、その人びとと分け合うことができるのです。つまり図書館情報学と技術とが、空間と時間とを超え、生死の境をも超えて、その文化の交流を可能にします。図書館は図書館員が細心の注意を払ってまとめ上げた資料について皆さんに説明し、実際の図書館サービスの提供によって、その奇跡を実現します。図書館は人類が残した記録を保存し、情報化時代の利用者が新しい価値を見出すのを援助するのです。

12. 図書館は過去を保存します

ブードゥー教（注1）、心霊術、心霊現象などについて疑問を持ったときは、読者は図書館でその意味を全部調べることができます。しかし、図書館でわかることはそれだけではありません。人間が経験できるあらゆる現象のうちで、最も非凡なものは、人間の生み出したすぐれたものを伝達する手段や、すぐれた読み物という媒体を通して、過去と現在の二つの心が結びついたときに起こります。そのことを、私たちは軽視しがちなのです。

十年ほど前のニューヨーク公共図書館長ヴァータン・グレゴリアンは、当時の『ニューヨーカー』誌上で次のように述べたことがあります。「図書館は人類のすべてのために記録を保存する…。独特なものも不条理なものも、賢明なものの愚かさの断片もである。」

九十年前、ジョージ・サンタヤナ（注2）はその著作「理性と生活」の中で、同じことを形を変えて述べました。「過去を記憶し得ない人たちは、それを繰り返すべく運命づけられている」と。

図書館とは記録を保存するところです。そして、自分自身の過去を理解しない国家、文化、コミュニティは、過去の失敗の汚辱にまみれるのです。

「すべての国際的な事件は、どこか特定の地域で起こったという点で地域的なのだ」とは、マイアミ・デード公共図書館のフロリダ資料部長サム・ボールドリックの言葉です。「地方史は最も人間的な形をとった過去の物語である。図書館は文明の記録の保護者として、この地方史の保存を役割の一部としている。現在および未来の世代の人たちは、過去の失敗を繰り返さないためにこそ過去の失敗を学び、すべての人びとの生活の質の向上を図ることを目的として、過去の成果の上に新しい仕事を建設するのである」と彼は続けています（注3）。

図書館は、生者とも死者とも距離や時間を越えて語り合うことができるところです。それは今日もなお図書館の仕事の特長になっている、細心の分類、保管、索引および保存の作業をすることではじめて手に入れることができる奇跡なのです。そしてこの仕事は、新しい電子環境の中で、なお未知数の挑戦と経費の問題に直面しながら進んでいるのであります。

注1　「ブードゥー教」（Voodoo）　主に西インド諸島のアフリカ系住民の間で信仰されている多神教。

注2　「ジョージ・サンタヤナ」（George Santayana, 1863-1952）スペイン生まれのアメリカの哲学者。ハーバード大学教授。この言葉は『理性の生活』（*The Life of Reason*）第一巻第十二章から。

注3　「過去の成果のうえに新しい仕事を建設」　ハフナーは、「図書館員は、過去の保存、つまり保守主義と、過去への挑戦という進歩主義との両方にかかわるという、一見矛盾するような性格の、しかし民主主義にとって不可欠の仕事に携わっている」と言う（第一条の注2、p.5）。

■ 南相馬市立中央図書館　中学生アップリケ作り

2 図書館友の会の「めざすもの」

①全米図書館友の会連合会・顧問委員会

図書館協約

私たちは次の点で図書館を信頼します。

図書館は……

私たちの子どもや若者たちを育てる場ですから。

―それは、驚きや面白くてわくわくする心の世界への扉を開いてくれます。

みんなが文字を読む力を持てるように努力してくれる場ですから。

―そのための鍵をみんなにあたえてくれます。

人びとの多様な生き方や考え方にかかわるところですから。

―社会の多元性（Pluralism）と民主主義と平和の基礎です。

記憶を保存するところですから。

―昨日の記録と、明日の可能性を結ぶところです。

知識を連続させるところですから。

―情報の形やその流通の仕方が変化しても、それにかかわりなく常に開かれています。

読書の宝庫ですから。

―詩神、妖精に心ときめき、夢想が発見を促します。

このような理由から、図書館は私たちの生活の中心です。そして私たちは、図書館への変わらぬ支持を約束いたします。

全米図書館友の会連合会顧問委員会

ジェームス・H・ビリントン

ジョン・アップダイク

ヴァータン・グレゴリアン

セシル・グリーン

トニー・モリソン

リチャード・ウィルバー

ジョー・パターノウ

ウォーリィ・エイモス

注1 「全米図書館友の会連合会」一九七九年六月、各地の図書館友の会の連絡、協力を目的として設立された全国組織。一九九〇年代には二、六〇〇のグループと七五万人の会員を持ち、名誉会長はヒラリー・クリントンであった。その活動は図書館振興のため行政や議会に働きかける方法や資金作りについての情報提供、各地のグループの活動紹介、「フレンズ・オブ・ライブラリー・ソース・ブック」と、年四回刊行のニュースレターの出版などがある。なおこの連絡会は、二〇〇九年二月、アメリカ図書館協会（ＡＬＡ）の傘下に統合され、「米国図書館委員会アドヴォケーツ・友の会・財団協会」（ＡＬＴＡＦＦ）となった。新たな組織間の提携によって、米国社会の中で図書館を支持し発展させるための活動の強化と、会員増、収入増が期待されている。

注2 ここに署名をした八人はそれぞれにアメリカの著名人で、連合会顧問委員会のメンバーであった。署名当時の役職は、ビリントン（アメリカ議会図書館館長）、アップダイク（ピュリツァ賞受賞作家）、グレゴリアン（ニューヨーク公共図書館前館長）、セシル・グリーン（テキサス・インスツルメント社・会長）、モリソン（ピュリッツァ賞受賞作家）、ウィルバー（アメリカ議会図書館桂冠詩人）、パターノウ（ペンシルヴェニア州立大学フットボール・コーチ）、エイモス（識字率向上運動家）である。

② 日本の「図書館友《としょかんとも》の会全国連絡会《かいぜんこくれんらくかい》」

私《わたくし》たちの図書館宣言《としょかんせんげん》

図書館《としょかん》は人類《じんるい》の叡智《えいち》の宝庫《ほうこ》です
読《よ》み、調《しら》べ、学《まな》び、交流《こうりゅう》し、必要《ひつよう》な情報《じょうほう》が得《え》られる教育機関《きょういくきかん》として、私《わたくし》たちの自立《じりつ》と地域社会《ちいきしゃかい》の発展《はってん》になくてはならない施設《しせつ》です。

私《わたくし》たちは、ここに図書館《としょかん》のあるべき姿《すがた》を掲《かか》げます。

一 知《し》る自由《じゆう》と学《まな》ぶ権利《けんり》を保障《ほしょう》する図書館《としょかん》

二 いつでも、どこでも、誰《だれ》でも、身近《みぢか》に無料《むりょう》で利《り》用《よう》できる図書館《としょかん》

三 資料《しりょう》・情報《じょうほう》が豊富《ほうふ》に収集《しゅうしゅう》・整理《せいり》・保存《ほぞん》・提供《ていきょう》されている図書館《としょかん》

四 司書職制度《ししょしょくせいど》が確立《かくりつ》され、経験《けいけん》を積《つ》んだ館長《かんちょう》と職員《しょくいん》がいる図書館《としょかん》

五 利用者《りようしゃ》のプライバシーを守《まも》る図書館《としょかん》

六 情報公開《じょうほうこうかい》と民意《みんい》に基《もと》づく図書館協議会《としょかんきょうぎかい》が機能《きのう》

する図書館《としょかん》

七　教育委員会《きょういくいいんかい》の責任《せきにん》で設置《せっち》し、直接《ちょくせつ》、管理運営《かんりうんえい》される図書館《としょかん》

私《わたくし》たちは、この実現《じつげん》のために、図書館《としょかん》を支《ささ》え、守《まも》り、すべての人《ひと》と手《て》をつなぎ、図書館《としょかん》とともに成《せい》長《ちょう》することを宣言《せんげん》します。

図書館友《としょかんとも》の会全国連絡会《かいぜんこくれんらくかい》

２００９．５．25　総会決議

２０１２．５．22　総会改訂

注　「図書館友の会全国連絡会」（略称　図友連）は全国各地に生まれた「図書館友の会」の連絡機関として、二〇〇四年に結成され、二〇一三年現在、団体会員七八、個人会員一一一（二〇一四年七月現在、図友連のウェブサイトによる）を擁している。「手をつなぎ図書館支える図友連」を標語とし、「私たちの図書館宣言」の実現を長期目標、国会や諸官庁への要望とその実現とを中期目標とする。宣言改訂などの重要案件は総会で議決し、日常の情報・意見交換はホームページや図友連ネットによる。それらを通して住民の図書館への思いを集約し、共有して活動の源泉とする。二〇一三年度では、学習会のほか、文部科学省・総務省・国会議員への要請、多賀城市、武雄市、松阪市、海老名市等への声明書や陳情書、意見書などの提出を行って、住民のための図書館運営の適正化を求めている。若い団体ながら、その行動力に期待がかけられている（二〇一三年度活動報告から）。

以上二つの全国団体の「めざすもの」をご覧になって、いかがでしたか。それぞれの全国団体は、国内各地の図書館友の会のために、連絡を取り、お互いの協力を進め、一つの友の会ではなかなかできないことをみんなで考えたり、同じ考えの他の団体に働きかけて図書館の振興を図るという点では共通な仕事をしているといってよいでしょう。

それをどう実現してゆくか、という点からみると、どちらも図書館を、人びとが知識や情報を読み、それについて考え、自立して生きるための力になるところ、と考えています。違うのは、それを具体化するための方策です。そこにそれぞれの国の特色があらわれていると思います。

米国の場合は、その「協約」を発表したころの各分野の指導者たちが図書館に対する期待を表明して

います。これはこの人たちが自分の経験に基づいて、人が育つうえで図書館というものはこんなに大事だ、この意味で生活の中心なのだ、といっています。そして大事なのは、この人たちがこの「協約」に署名をしているということです。それは、自分の手で自分の名を書いた文書には、責任を持つ、ということです。決して「見た」というしるしに印鑑をおしたのではありません。自分の責任において、図書館を支えます、という強い意志の表現なのです。

日本の場合は「各地の友の会つまり住民の、図書館への思いが詰まっているもの」と紹介されています。その内容は、図書館のあるべき姿に即して具体的です。図書館が一人ひとりの読書を支え、その成熟と成長とを支援するためには、この七か条の実現によらなければならない、と主張しています。この七つはすべて、図書館としての基本要件であって、米国の図書館とも共通です。しかし日米を比較して最も違うところは、第四項、つまり図書館で働く人についてです。米国の場合、図書館の専門職として働くためには、それ以前に、図書館情報学部大学院で修士号を取得する必要があります。専門職員とは、自分の専門分野を持ち、それまでに得た知識と経験に基づき、最大限の努力をしてみんなのために働く人であって、自分の意に反して他の職種に異動させられることはありません。学校の教諭が市役所に異動させられることがないのと同じです。しかも修士号を持てばよいのではなく、修士と博士との中間の資格や、博士課程、それに新しい分野のことを学ぶ研修課程などがあって、資質の向上と広い視野とを持つことが常に求められます。一方、日本の基礎資格は、短期大学卒業です。これは一九五〇年の図書館法の規定がいまだにそのままなのです。その学習内容については、多年の努力の結果、大きく改善されましたが、専門職として扱われてはいません。いつよその部署にまわされるかわからないという、不安定な立場にいます。

この違いはどこから来たのでしょうか。これは大きな問題で一概に言い尽くすことはできませんが、米国では、世の中の変化に対応して常に有効なサービスを提供するために、専門教育での厳しい訓練に耐えて資格を得た人が必要であり、それが住民にとって一番のことだ、という通念があるようです。日本では、だれもが本が読めるのだから、本を貸すのは簡単な仕事だ、専門知識はいらない、という通念が見受けられます。しかし、図書館が集めているのは、人間が感じ取り、考え、そして行動したことの記録と、それについての情報です。途方もなく広く、深い世界ですし、そこに集められている人間活動の記録は、多種多様、かつ多数であるとともに、それぞれに形と重さとを持つ、個性的な存在なのです。その性格を把握し、一人ひとり異なる要求に適切な資料を提供するのが図書館です。これは他の専門と並ぶ一つの専門領域であるとともに、知識の各分野を通観して体系づけるという特徴を持っていいます。図書館員は、世の中でそういう仕事を担当しています。その仕事をきちんと実現するために必要なのがこの宣言にいう七つの「あるべき姿」です。そして図書館が一人ひとりの市民と地域社会のために働くことができるのは、そこで働く図書館員の力によります。実際、図書館は、そこに働く「人」によってよくも悪くもなります。住民の図書館への思いの中に、図書館で働く人のことが含まれたことは、今の日本の図書館の問題点をまっすぐに指摘した、と言えるでしょう。それは、これからの日本の文化とは、という大きな問題を社会に向かって投げかけたことにならないでしょうか。しっかりした図書館サービスの提供こそが、一人ひとりの成熟と成長とを助け、みんなの自立の力になる、という確信が、この宣言を支えているからだと思います。

■ 名護市移動図書館　久辺小学校にて

3 私たちのめざす図書館

本書の初版が出版された後、各地で自分たちの『めざすもの』を作ろうという動きが高まりました。始めは米国の「十二か条」をモデルとしたものが多かったのですが、そのうちに、それを視野に入れながら、なお「ここで生きる」という立場で、独自に考えるようになってきました。そういう例を四つお目にかけます。これは、今まで図書館としての活動のなかったところ、これから再生しようとするところ、そして、これから知識や情報を活用して生きる子どもたちを対象としたもの（小学校と中学校）の四種類です。その実際を以下についてご覧ください。

① 湯布院町（大分県・現　由布市）

一九九〇年代後半、湯布院町では町立図書館の設立計画が町の人たちの手で進んでいました。そして九八年春『未来をひらくゆふいん図書館――展く・開く・拓く、一人ひとりの生き方を応援する図書館であるために――』という、三十六ページの充実した内容の本がまとまりました。ここでの「めざすもの」は四か条で、そのそれぞれに詩による前文と、条文、それを実現するための項目とその解説とを含んでいます。それを全部紹介したいのですが、そうすると一万字以上に及び、本書の十ページを費やしてもまだ足りないでしょう。そこで、詩による前文と条文、その項目だけをここに掲げることとしました。前文の詩がそれぞれの項目を十分に描き出しているからでもあります。そこからこの町で人々がどう生きていくのか、そのためにはどんな図書館が必要と考えたのか、それをくみ取っていただきたいと思います。

未来をひらくゆふいん図書館

ゆふいんの図書館は
一人ひとりの生き方を
応援するところであってほしいと
願っています

そこでは地域が育む生活文化や
町の現在を記録し
未来を創造します
本と人とを結びつける
いろいろなサービスを通して
子どももおとなも
自分の小宇宙をひらいて行きます

＊　＊　＊　＊

おとなも子どもも湯布院という生活の場で、
自分にとっての大事な何かを見つけること、
それが図書館のめざす拡がりのある暮らしです。
そのための豊富な資料や情報が図書館にはあります。
町の人々がどんな産業と教育を望み、
どんな家に住みたいと思い、
どんな食べ物をおいしいと感じ、
どんなことを美しいととらえるか。
図書館はそうした知恵や技術、
感性ともいえる価値を支えます。

それらをおとなから子どもへ、
子どもからおとなへ、
生活全体の中で
大切なことや価値あるものとして、
共に展《ひら》いてゆきます。
図書館は響きあいの場所なのです。
そして子どもたちは
本のある場所から世界を拡げ、自分を知り、
みずから伸びてゆく足元を強くしてゆきます。

一　図書館は子どものこころを開きます。

㈠　驚きの体験は、人生を豊かに耕します
㈡　子どもの成長を助け、伸びようとする力を刺激します
㈢　図書館は自分に期待できる人間を育《はぐく》みます。
それは町が生きている証《あかし》でもあります

図書館の扉はだれにでも開かれています。

赤ん坊、子ども、成人、高齢者、
障害を持つ人々など、
年齢や人種、社会的信条、
性や貧富の差を問いません。
私たちは、毎日の生活の中で
自分にとって楽しいことを見つけるために、
いくつになっても図書館を利用できるのです。
そこは人間の知恵や知識の宝庫です。
「本とつきあう」方法や楽しみを覚えた人は、
自分の心と本との対話を重ね、
一生涯、「ワクワクする心」を失いません。
人類が長い歴史の中で伝えてきた
知識や知恵、新しいものの考え方を
本は伝えてくれます。
そこから得られる深い感動や、
自分の中の未知なるものの発見は、
人生を豊かにしてくれるでしょう。
そのための応援する場所が
図書館なのです。

二　図書館は一人ひとりの生き方を応援します

㈠　図書館では一人ひとりが主人公
㈡　楽しみのための読書
㈢　知りたいことへの手掛かりを提供します
㈣　安らぎの場所、自分を再発見する場所
㈤　学校や公民館との連携

図書館は知識や情報を扱う専門機関です。
人々はだれでも図書館を通して
知識や知恵を平等に分かち合うことができます。
湯布院町に住む人にも、
町を訪れる人にも開かれた
「知識や情報の発信源」。
それがゆふいん図書館です。
また、人々が安心していられる場所を提供する
ことも、
図書館の大切な役目のひとつです。

人と人、人と組織、組織と組織とを情報によって結び、
情報の力で町を活性化する。
それが、図書館がコミュニティづくりに
貢献する力です。
そのために図書館は専門職員を育て、
他の図書館とのネットワークを構築し、
利用者本位の運営をめざすのです。

三　図書館はコミュニティを育てます。

㈠　情報が育てるコミュニティ
㈡　図書館から拡がるネットワーク
㈢　図書館サービスのあり方と新しいネットワーク

図書館は、湯布院のまちづくりや
文化活動に関する資料を収集・保存します。
また、日々移り変わる暮らしの中身や
生活を記録収集し、資料として整理します。
これらの資料は町民だけでなく、
この町を訪れるあらゆる人の求めに応じて
すばやく、的確な情報として提供されます。
また、メディア工房は
個人やグループの情報発信をサポートし、
地域活動や文化活動を
より深め、拡げることに貢献します。
町の過去・現在に関わる資料を収集し
情報発信することにより、
ゆふいんの図書館は
情報センターとしてだけでなく、
町の未来を創造するする人々の
活動拠点となることでしょう。

四　図書館は町の現在を記録し未来を創造します

㈠　町の人々が行うさまざまな地域活動を記録し
保存します。

(二)　この町での暮らしの中身を収集し、記録します。
(三)　行政資料を選別し保存します。
(四)　「ゆふいんインフォメーション」で、貴方の疑問にお応えします。
(五)　「メディア工房」があなたの情報発信を応援します。

（『未来をひらくゆふいん図書館』人材育成ゆふいん財団生活文化研究会編　一九九八年発行©）

以上が湯布院町の「めざすもの」の抜粋です。これを発表した後、町政の流れが変わって、図書館建設は公民館図書室の充実に切り替えられました。しかしこの町には、個人で多くの蔵書を持つ人々も多く、また、「ゆふいん音楽祭」をはじめ、非常に質の高い文化活動を続けるところです。かつてこのような図書館を考えたことが、いつかまた新しい力となり、計画となって実現に向かうことでしょう。町自体も二〇〇三年、近隣の三町を合わせて、市制を布きました。新しい発展が期待されています。

②瀬戸内市（岡山県）の基本構想

瀬戸内市も二〇〇四年に三町の合併によって成立した新しい市です。ここは日本刀の町・備前の長船として全国に知られたところですし、また瀬戸内海屈指の美しい港、牛窓は朝鮮通信使の寄港地としてその文化が残ります。竹久夢二の生誕地としても著名です。そういう遺産をも背景として、今、市立図書館の建設計画が進められています。その最初の仕事は、図書館サービスの計画を立て、図書館建築を進め、竣工後に館長となる図書館専門家の公募をすることでした。その結果豊かな図書館経験と未来を志向する人が選ばれ、市民の意見の集約に基づいて、図書館構想が発表されました。

それは、「しあわせ実感都市・瀬戸内の実現」という大きな目的を持っています。それを実現するための理念は「持ち寄り、見つけ、分け合う広場」としての図書館です。それを具体化するために、次の七つの指針が生まれました。これが瀬戸内市の新しい図書館の「めざすもの」といえましょう。

①　**市民が夢を語り、可能性を広げる広場。**
②　**コミュニティづくりに役立つ広場。**
③　**子どもの成長を支え、子育てを応援する広場。**
④　**高齢者の輝きを大事にする広場。**
⑤　**文化・芸術との出会いを生む広場。**
⑥　**すべての人の居場所としての広場。**
⑦　**瀬戸内市の魅力を発見し、発信する広場。**

（『瀬戸内市としょかん未来プラン――持ちより、見つけ、分け合う広場――瀬戸内市立図書館整備基本計画』二〇一二年、岡山県瀬戸内市）

これは、市民一人一人の思いや期待を持ち寄り、そこから生まれるさまざまな考え方の中に、今まで気づかなかった新しいものを見つけ、その驚きや喜びを共有し、みんなと分け合うことによって、「ここで生きるのだ」という気持ちを示しています。そこからこの図書館の機能や活動が生まれるのです。

その基本は、市民が見つけるということ。図書館が本当に市民のものであるためには、市民がその面白さや価値を見つけなければならないのです。これは簡単ではありません。物事を見つけようとするときには、「そこにあるはず」と思わなければ見つからないのです。そうすると、市民が見つける前に、図書館活動がなければなりません。的確な図書館サービスがあるからこそ、市民がそれを見つけ、その発見によって図書館サービスをさらに広げ、深めてくれるのです。そこから図書館と市民との間の相互作用が生まれます。図書館が市民のものとして成熟し、成長するための原動力は、そこから生まれます。もしそうであれば、「図書館のめざすもの」を考えることは、ただ理想像の追求だけでなく、図書館を育てていく力の供給源となることでしょう。

③岡山市立宇野小学校の「としょかんのちかい」

岡山市の学校図書館活動についてはすでに著名ですが、一九八〇年代には「図書館の自由に関する宣言」（一九七九年改訂）や『中小都市における公共図書館の運営』についての学習がさかんであった、ということです。この「ちかい」はその延長線上に生まれ、他の学校にも普及したのでした。

後になって、宇野小学校の学校司書の方が考えたものを、同じ気持ちの学校図書館が掲示をするようになったとうかがいました。それは一九九〇年代の半ばから、ということでした。

としょかんのちかい

㈠ みんながよみたいほんをよめるようにじゅんびします。

㈡ みんながしらべたいことを、本やしりょうでおうえんします。

㈢ だれがどんなほんをよんでいるか、ひみつをまもります。

としょかんはこんなことをがんばったり、きをつけます。

私はこれほどにやさしい言葉で、図書館の大事なことを説明したものを見たことがありません。しかもこれは、どんな規模の、どんな館種の図書館にも共通です。この実行は決して簡単ではありませんが、図書館を使う人たちの信頼を得る、いちばんの基本であること、そして、「図書館のめざすもの」の最も端的な表現といえるでしょう。

④岡山市立岡北中学校の「図書館のちかい」

㈠ みなさんが読《よ》みたい本を読むことができるように準備《じゅんび》します。（もしも探している本が見つからないときは、予約《よやく》してください）。

㈡　みなさんが調べたいことを、本やその他の資《し》料《りょう》で徹底的《てっていてき》に応援《おうえん》します。（知りたいことがわかるまで、いろんな資料を一緒《いっしょ》に探します。ある時は本で、ある時はインターネットで、またある時は映像《えいぞう》で…。こうした調べ物に対する資料紹介《しりょうしょうかい》・資料提供《ていきょう》のサービスをレファレンスといいます）。

㈢　図書館は、だれがどんな本を借《か》りているか、本人以外《ほんにんいがい》には話しません。読書の秘密《ひみつ》を守ります。（だれがどんな本を読んでいるかということは、プライバシーに関《かか》わること。図書館は、どんな本を読んでいるかということを他の人に話しませんから、安心《あんしん》して読みたい本を借《か》りてください）。

みなさん一人ひとりが読みたい本を自由《じゆう》に読み、知りたいことをどこまでも追及《ついきゅう》できるように、岡北中の図書館は三つの誓いを守ることを約束します。図書館は利用者《りようしゃ》と一緒に成長《せいちょう》するところ。皆さんどしどし使《つか》ってくださいね。

（『まっ、でも・図書館』No.1　岡山市岡北中学校図書館、二〇〇二年五月）

これは宇野小学校の『としょかんのちかい』の中学校版です。基本的に同じことでも、相手が違うと説明の仕方が違ってきます。また、「予約」にこたえるとは、「その本がこの学校図書館になくても、皆さんが読めるように努力しますから、予約をしてください」ということです。予約をした生徒が多かったり、授業で必要な場合には、複本購入を考えたり、他館から借り出して提供します。これは、必要なものは何としてでもそろえる、という強い意志の表れです。それが子どもたちの「読む意欲」を高め、先生たちの授業を支えるのです。

普通一人で働くことの多い学校図書館にとって、ここまで厚みのあるサービスをするのは、決して簡単なことではありません。学校司書の献身と経験の積み重ね、近隣の学校図書館との協力、地域の公立図書館や県立図書館の支援が確かなものになってきたからこそ、ここまでできるのだと思います。一つの学校図書館のサービスは、決してその学校の中のことだけではなく、その地域の緩やかでしかも効果的な図書館組織の上に成り立つものだ、といえましょう。

それはまた、図書館は「成長する有機体」つまり、ここでいう「利用者と一緒に成長するところ」だ、ということがそれぞれの図書館の根に、しっかりとすわっているのだと思います。

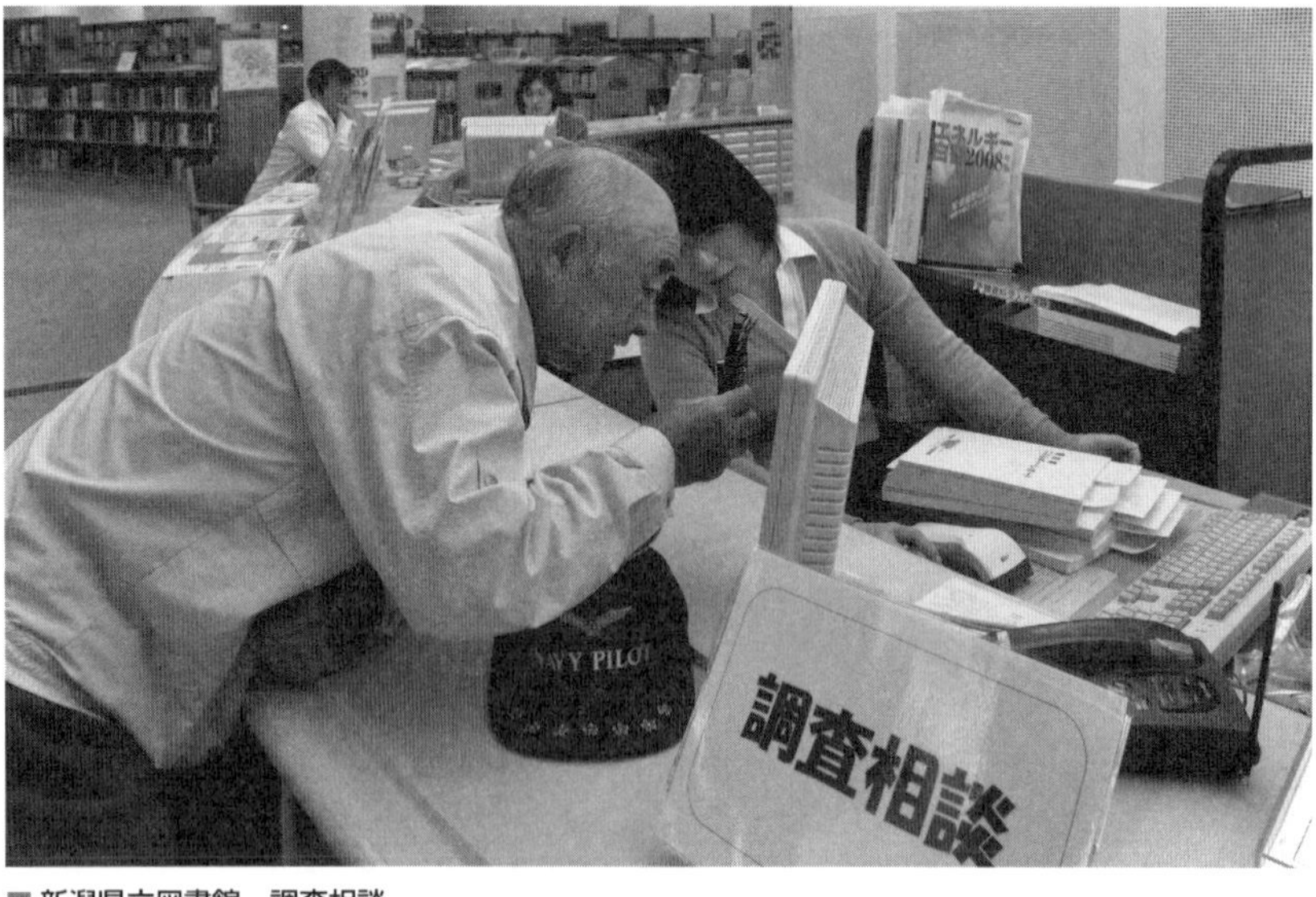

■新潟県立図書館　調査相談

■ 彦根市立図書館　親子読み聞かせ

4 それぞれの「めざすもの」

❶ 共通なもの、違うところ

二つの国の「図書館のめざすもの」をお目にかけました。米国の十二か条二つ、日米の図書館友の会の見解、そして日本の地域で考えたもの四つです。二つの国の考え方には、その言葉が違うようにいくつもの違いがあります。それでも「私たちはこういう図書館を身近にほしい。図書館とは本来こういうものなのだ」という思いは共通です。そう考えるとその違いは、あるべき姿を実現するための、別々のタイプであることが見えてきます。そこでそれぞれのタイプを、別な観点から見ることにしましょう。

(一) まとめた人、読む人

米国の十二か条は、図書館協会がその機関誌『アメリカン・ライブラリーズ』に発表しました。二十一世紀の図書館像を考えるためでした。その読者は全国にいる協会の会員や図書館員、友の会の人たち、図書館協議会委員、図書館政策に関わる人たち（連邦政府や連邦議会の議員を含めて）、さらに住民を含めて、図書館とは何か、図書館は米国の社会にどういう役割を果たすのか、を語りかけ、その重要性を主張しました。したがってこれは、アメリカ図書館協会の公式見解といえるでしょう。

それに対して日本の「めざすもの」は、その対極にあるといえるかもしれません。「私たちの図書館はこういうものでありたい」ということを、友の会連絡会に集まった人たちも、また地域の人びとも、それぞれの状況に基づいて考え、それを共有するために語りかけています。戦後に図書館法が公布されて六十年余り、図書館は大きく変わりましたが、特に大きな変化は、図書館についての考えが地域から生まれるようになったことです。本書二章の図書館友の会全国連絡会の宣言と、三章にあげた四つの「めざすもの」は、その意味で重要だと思います。

(二) その内容

米国の十二か条は、図書館の社会的意義を強調し、民主主義社会を守り育てるための役割を述べています。つまり、北米合衆国とは、民主主義社会を建設しようとして努力中の国であって、それを支えるのは個人です。そして一つの分野の頂点に立った人びとが個人としての確信を語ったのが、全米図書館友の会連合会の「図書館協約」でした。

一方、日本の「友の会」と各地の四つの「めざすもの」とは、米国のそれのように民主主義を大上段に振りかざしてはいません。もっと穏やかに、この環境の中で、一人ひとりの感じ方や考え方、能力を生かして自分の生活を立て、みんなと一緒に生きていくにはどうしたらよいのか、と問いかけています。それがいかにも日本そのもの、という感じです。米国のそれのように公的な立場ではなく、その地域の人としての発言だからでしょうし、それゆえに自由な発想と独自な表現ができるのだと思います。

そしてそこから、期せずして共通の基盤が読み取れます。これからの一人ひとりは、「だれかがこういったからそうなのだ」ではなく、「私はこう思う。だからこのように生きる」といえるようでありたい。「そういう生き方への援助をするのが図書館なのだ」という強いメッセージが流れているのです。

(三) 「個」としての存在

米国人の生き方としては、「個の主張」が当然のことで、それには義務と責任とが伴います。そこで「図書館のめざすもの」の中で特に強調する必要はなかったのでしょう。それが成熟した人間としての表徴なのですから。

「個の主張」は、日本ではまだ利己主義と混同されがちです。しかし自らを「個」と見ることによって、他者の存在が見えてきます。それが見えるようになる大事な手がかりの一つが読書です。そうすると、図書館を考えるときの基盤の一つとして、読書について考えておく必要があるのではないでしょうか。それを「私たちのめざす図書館」の中に取り込もうというのではありません。しかし考え方としては、日本の五つの「めざすもの」の基礎であり、読書と図書館についての考え方を支えるものです。そこで次に「読むこと」が開く世界と、その実態についてみることといたしましょう。

②「読む」ということ

一人の人間にとって、読む、とは一体どういうことなのでしょうか。「本を読む」と簡単に言ってしまいますが、その本そのものの多様さはもちろん、それを受け取る人の感じ方に至っては、まったく十人十色でしょう。そのために読書について、また、図書館についての議論をしても、話がかみ合わない場合があります。本書の2〈p.60〉でも言及しましたが、ここでは本というものを「人間の感覚と思考と行動の記録であって、その世界は想像できないほどの広さ、深さを持ち、数えきれないほどに大量に存在し、またきわめて複雑な構成を持つものであること、そして人がものを考えるのに、大きく役立つもの」として考えてみたいと思います。

㈠「読む」という力

A　身についた力

人は、生まれてからすぐに自分の動きに対する周囲の反応を読み取り、それを記憶して自分の行動を決める、つまり読む力によって学び続けるのだ、と言われます。たしかに人間は、周囲の反応を読み、天候・気象を読み、世界の動きを読み取りますし、文字だけでなく映像や楽譜などからも、さらに空白の部分や音声の「間〈ま〉」からもその意味を読み取っています。しかも目を使うだけではありません。五つの感覚器官のそれぞれとその総合によって、対象からなんらかの意味を読み取っているのです。昔からいうことですが、印象深い文章や難解な文を手書きで写し取り、声に出して読むと、その声が自分の耳に達したときに理解が生まれるといいます。これはまことに有効な方法です。

つまり意味を読み取るのには、ただ目が字づらをたどり、脳に信号を送るだけではなく、体全体で読み取っているのでしょう。さらに、写し取るためには静かな時間を持つことが、理解に大きな働きをします。つまりそこには、自分という一人の人間が主体となって考えるという姿勢があり、他からの影響で流されてはいるのではないといえましょう。

そういう主体的な読み取り方は、本来人間が持つ「読む力」の育成に、体全体が働いているのだと思います。読書というのは、あらゆるものから読み取って学ぶことの、いわば予行演習なのです。

B　安全なところにいて経験する極限

人は生活の中で非常に切迫した状況に陥ることもあります。しかし読書の中でのその経験は、どんなに苦しい状況であっても、本を閉じれば終わりです。つまり極限の状況を安全な環境において経験することができる。それがふだんの環境にないことを知り、そういうことがあったときに対処できる力を養うのです。それは現実そのものではありません。しかし驚きや好奇心が働き、そこから想像力と創造性という「双子の兄弟」が生まれ、その人自身の考えが育てられて、現実に対応するようになるのでしょう。人は本の中から人や世界が示すさまざまな現象を知ることができます。また、たとえ短時間であっても著者と本の中で向き合う静かな時間を持ち、その考えや生き方を知り、そして自分が見えてくる。読書はこういうことを学ぶ貴重な手段なのです。

C　四つの知的能力

人は何を学ぶべきかを論じるときに必ず引かれるのが「読み、書き、計算」の三つで、「三つのR」(the Three R's: reading, writing, arithmetic) と呼ばれます。ルイス・ショアーズ博士は、これにもう一つのR (reference) を加えて、人間の持つべき知的能力を「四つのR」としました。レファレンスとは、「物事を調べる能力」のことで、最近日本でも強調されています。そうすると、この四つのうちで、一番の基本は何でしょうか。それはやはり「読書」でしょう。これがなければ他の三つは働きようがありません。「読書」が最初に来るのは、ただそこにあるのではないのです。

(二) 育てる心、支える力

A 周囲の配慮

読書によって得られる人の成熟と成長は大きなものですが、それを育てるのには周囲のこまやかな配慮が必要です。戦後の日本では、地域の親たちによって、子ども文庫活動が生まれました。自分たちの時間と労力、それにお金を持ち寄って子どもの本を集め、読み聞かせや貸出をして、子どもたちの生きる力を育てようとしたのです。

それは、戦後になってすぐれた絵本や児童文学に出会い、それに感動した親たちが、その素晴らしさを子どもたちと共有したいと願ったことから始まりました。こういう感じ方、考え方を知って、人間というものの素晴らしさを知り、再び人間同士が殺しあうようなことがないようにしたい、という強い思いにかられていたのです。家庭や文庫で、本を中心とした子どもたちとのやり取りを続けるうちに、「子どもの読書は、まず子どもから学ぶのだ。大人の価値観や経験を押し付けてはならない」という考え方が生まれました。そして、本についての子どもの反応を知るのには、よく選ばれた児童書のコレクションに子どもを連れて行って、読みたいものを自由に選ばせることだ、ということもわかってきたのです。

B 親たちが見つけたもの

そういう親たちによって「発見」されたのが、各地の公立図書館で児童サービスのために働く司書たちと、その人たちの作り上げるコレクションでした。親は、自分の子どもの成長に合わせて本のことを知り、自分でもその本を読みます。それは大変深い読み方をもたらします。若い図書館員はまだそれほどに人生を経験してはいませんが、一方で、毎日たくさんの本を手に取り、それについて調べ、理解を広げています。最初はこの違いに双方で戸惑いがありましたが、やがて深さと広さとの協力が生まれました。子どもの読書を「育てる心」と、子どもと親の双方を「支える力」の結合が育ちました。そして地域の親の中に、子どもにも大人にも、ここで生きるためには、図書館サービスの充実と、図書館の増設が必要だという思いが生まれたのです。つまりその人たちの願いは、行動で示した「私たちの図書館のめざすもの」であり、生活から生まれた強さを持っていたといえるでしょう。今日各地で続けられている「学校図書館に司書を」という運動も、同じ思いからと思います。

C　読書の隠れた力

こうした努力によって、本を読むという「特別なこと」が、食事と同様な「当たり前のこと」になりました。この文庫活動は一九九〇年代に入ると、児童数の減少と地域の状況の変化、家族の状況や生活、そして文庫に関わる人たちの高齢化などによって、継続が困難になりました。それでも発足以来何十年も続けておられる方が各地においでです。

今、三十歳代から五十歳を超えた人の中には、子どものときにその地域の子ども文庫に通った人が多いのではないでしょうか。一九八一年の全国子ども文庫調査では、四、四五七の文庫に回答を求めました。つまり、全国の高等学校とほぼ同じ数だけの子ども文庫があって、子どもたちの読む力を育てていたのです。

二〇一三年十月、経済協力開発機構（ＯＥＣＤ）による国際成人力調査の結果が発表され、日本は読解力と数的思考力のテストで、それぞれ第一位となりました。この調査の対象が、幼いときに子ども文庫に通ったと考えられる年齢層なのです。今回の結果には、学校教育をはじめさまざまな要因をあげるのは当然ですが、子ども文庫活動もまたその一つに数えるべきだと思います。それが話題にならないのは、その結果を数字であらわすのが困難なこと、地域の任意の団体であって、地味で、人目には立たないこと、多年の努力によって人の心の中に何かを生み出す仕事だったので、影響を受けた子どもたちさえその結果を意識しないこと、などが考えられます。しかしそれは多年の努力によって、子どもたちの心に働きかけました。そういう目に見えない努力が、人を支え、社会を支えているのだと思います。人が育つための土壌を培う仕事だといえましょう。

㈢ 自分で見つける力、考える力

A 助言をしてくれる人

読む力を身につけると、読まされること、教えこまれること、記憶させられること、そしてそれによる行動を求められることなどが生活の中に入ってきます。その要求に対応できないと本人は困ります。そして始めは小さなことでも、それがまとまると大きな問題になるのです。周りの人はそれに気づいて心配し、本人の対応にいら立ちますが、しかし一番困っているのは本人で、困惑を十分に表現できず、また自分の力で解決したいのに方法が見つからず、ただ困り果てるばかりです。そういう若い人は決して少なくないでしょう。

B 助言者の役割

そういうときに、心を開くことができる「助言者」があらわれると本人は救われます。それは、学校の先生でも、少し年長の先輩でもよいのですが、図書館の「司書」という存在も忘れてはならないでしょう。司書は、その人に適切と思われるテーマと程度と表現を持つ本を複数用意して、本人に選ばせることができます。つまりただ相談に乗るだけではなく「これを読んでみたらどうか」と本の現物を見せ、その中から本人が選択します。それが本人のやる気を引き出し、やり直しの努力を持続させるのです。それは、多様な本がそろい、それに精通している司書がいるからこそできることです。司書は「子どもの読書は必ず伸びる」ことを気持の底で大事にしています。これは、親と子との読書時間の共有を提唱された斎藤省吾先生の言葉でした。先生がなくなって十三年、今こそその考え方と実践とが見なおされるべきではないかと思います。「子どもの心の中に蒔いた読書の種は、いつかきっと芽を出す」と思うことが、この仕事をする人を支えるのですから。

C その働き方

そういう考えを持つ人が対象とするのは、「一人」、つまり「一人ひとり、そしてみんな」です。その一人ひとりが、自分の必要とするものをすぐに探し出せるように援助する。もしわからなくて困っていれば、すぐに立って行って、一緒に探し、この次その人が来たときには自分で探せるように案内をする。辞書や事典、年鑑や統計、あるいは索引や書誌（本や論文のリスト）など、知識や情報を探すのに便利なものの使い方も説明します。そのようにして、自然な形で図書館の使い方、本の探し方が伝わるように、と考えています。教え込むのではありません。そういう図書館サービスを受け、その使い方を身につけた生徒たちは、この体験と知識を応用することによって、一生困ることはない、といえるでしょう。

つまり図書館では、それぞれの人の要求にかなうように、さまざまな種類や程度、表現方法による「考える材料」を用意しています。そして人がそれを自由に使いこなすための助言者（司書）がいて、目的達成の援助をするのです。「知の宇宙」というのは、その援助を必要とするほどに、広く、深く、かつ複雑な世界なのですから。

㈣ 自分から動く意欲

これを有効に使うのには、使う人たちのほうに、たった一つ条件があります。それは、問題の解決は自分でする――少なくともその意欲を持つことです。司書はあくまでも助言者であって、その人自身ではありません。これは一見不親切なようですが、しかし、医師、看護師、薬剤師と同じことです。この人たちがどんなに知識や経験を持っていても、病気が回復するのは、その本人の持つ治癒力であって、ほかの専門家の役割はその治癒力に働きかけ、それを力づけることです。その人が生き続けるためには、自分の中の生きる力を強化するしか方法はないのです。

それでもその力を自覚していなかったり、表現することに慣れない人には、その力をつけるために医師がいろいろと手を尽くしてくれます。図書館でも同じことで、図書館のあらゆる働きを通して、人が自分で問題を解決する気になり、それができるように司書が援助をするのです。教室での一斉授業で蒔かれた知識や考え方の芽を、一人ひとりの生徒が自分なりに育てていこうとするのを、適切な資料の提供によって援助をする――そういう気持になるような手助けもする――のが学校図書館であり、そこに働く司書の仕事です。

ある高等学校図書館に卒業生が訪ねてきました。彼は「この学校で困ったことがあったときはいつもここに来た。そうすると何かが見つかる。どこを見たらいいかわからないときには司書さんがいるしね」とさらりと言って帰ったそうです。つまり彼の中に「求める意欲」があり、それをこの学校図書館はしっかりと受け止めてくれた。それが彼の「めざすもの」だったのでしょう。彼は卒業後にこのような言葉で表現し、図書館への信頼と彼の謝意とを示したのだと思います。

③ 図書館という仕事

(一) その仕組み

図書館は人間が生み出した活動や情報の記録を整理し、一つの筋道を立てて理解できるようにしています。人間が今まで感じ取り、思索し、行動してきたことの記録は、途方もなく大きな世界、つまり知的宇宙を作っています。この宇宙の地図を作るのが図書館の整理法なのです。この地図を活用して、司書は図書館の中を案内し、どこに何があるかを知らせます。また、今後はだれもが記録媒体を生産し、それが流通するでしょう。そうなるとその内容も表現方法も質もあまりに多様になり、読者としてはなにをよりどころとしたらよいかわからなくなって、混乱が起こるかもしれません。そのときに図書館は、その筋道を明らかにすることによって、人の要求にこたえ、世の中を支えます。これは、決して思想をコントロールするのではありません。ただあるがままに筋道を立てる。人はその地図によって、自分が立つ場所を知り、歩く道を選ぶのです。別な言い方をすれば、「人が使うために」という観点から人間の営みの記録を集め、それぞれの国の文化を編集し、提供する仕事を図書館はしているのです。

(二) 「もちより・まとめ・わけあい」の場

一人に対するサービスをすることと、今までの人間行動の記録に筋道を立てることの二つは、ほとんど目立たず、しかもその多様性や内容の深さにおいてはほとんど無限で、容易な仕事ではありません。しかしそれをコツコツと続けて、知的世界への旅をする人を援助し、それによって社会を支え、さらに人の知的旅行を豊かにしようとしています。

図書館で昔からしてきた仕事に、読書会がありま す。今は、本の数も増え、好みの本を自分で選ぶ人も増えて、読書会が開かれることは少なくなったようです。しかしこれは、一冊の本を中心にして集まり、それぞれの読者のさまざまな思いを持ち寄り、どの意見がよいとかよくないというのではない、おおらかなまとめ方をし、一人ひとりがそれを持ち帰って、自分の考えを発展させる大きな力を得る、そういう集まりとして考えることができるでしょう。

そこにもし著者が関わったら——『ピーナッツ』という作品を五十年にわたって描き続け、スヌーピーというたぐい稀な存在を造形して国際的に著名であったチャールス・シュルツは、かつてこんな手紙を書いています。

孤独な仕事を続ける著者にとって、彼の作品が読者にどう受け取られるかは全く分かりません。そういう著者にとって、読者からの手紙は嬉しく、また貴重なのです。

おそらくこれは、多くの著者に共通のことでしょう。図書館の読書会で語られることは、多くの著者にとっても、貴重なことなのだと思います。

その著者の考えを「本」という形で表現するのに苦心をしているのが編集者です。読者のために読みやすいものをしっかりした形で、という編集者の要求を的確に実現するのが印刷者であり、製本師です。そして出来上がったものを読者に確実に届けてくれるのが本の流通に関わる人たちです。そういうリンクの中に、本を消費財としてではなく、人が生きて働いていることの記録として収集し、読者に手渡しをしようとするのが図書館です。そのために図書館員は、本というものを知り、読者を知る努力をしています。

そういう大きなリンクが「人が生きる」という観点から手をつなぎ、本や情報媒体が構成する世界を考えたら、本の世界や人の読書はどう変わるでしょうか。図書館はそのリンクの中で大きな役割を果たすという「可能性」を持っています。

わざわざ「可能性」というのは、まだその力が十分にあるとは言えないからです。しかし英国などでは、出版者は出版計画を立てるのに、図書館員の意見を重んじる、と聞きました。また欧州図書館の構想はすでに発足していますし、漢字文化圏の図書館の相互協力もすでに進められています。国内での本を中心にした著者から出版、流通、図書館、読者をつなぎ、さらに著者につながっていくリンクと、その世界的な結合は、決して夢物語ではないでしょう。それは、この小冊子を読んでくださったあなたにも、またあなたのお子さんやお孫さんたちのためにも、きっと大きな力をそえてくれます。ここに述べた図書館の目的と働きとが、今後の学校教育と社会の中での「ひとり」をしっかりと支えると思うからです。

終わりに
――もう一度「図書館のめざすもの」を

ここで、ここまでご覧くださった皆さんにお願いがあります。ここからもう一度この本のどこかに戻って、日本と米国の「めざすもの」、あるいはこの文中に引用された、行動による「めざすもの」や、一人の利用者としてのそれ、そして司書としての願いなどをご覧くださいませんか。そうすると、以前にはただ「なるほど」とだけ思って通り過ぎた事柄が、具体的な姿を持ち、手をつないで立ち上がってくるかもしれません。あるいは、「いや、もっと元気のいい、適切な事例がある」とか、「目立たないが着実な実例があって、われわれはそれに支えられている」とおっしゃる方もありましょう。そういう皆さんの新しい発見によって、「図書館のめざすもの」がより深まり、より広がって、この国の今後の生活の中に根を下ろすのだ、と思います。そしてそれこそがこの新版の望むところなのです。皆さんの活発なご意見に期待する次第です。

■沖縄県立図書館宮古島分館児童コーナー

竹内　悊（たけうち、さとる）
1927年東京生。米ピッツバーグ大学図書館情報学部大学院博士課程修了。Ph. D. 現在は図書館情報大学名誉教授、元日本図書館協会理事長。本書p. 24に示されているランガナタン博士の『図書館学の五法則』については、『図書館の歩む道――ランガナタン博士の五法則に学ぶ』竹内悊・解説（JLA図書館実践シリーズ15、2010）、『図書館学の五法則をめぐる188の視点――「図書館の歩む道」読書会から』竹内悊・編（JLA図書館実践シリーズ20、2012）がある。
なお、新版の内容について2015年全国図書館大会の第14分科会で討議された内容が、2016年7月、『「図書館のめざすもの」を語る』というタイトルのもとに、「JLA図書館実践シリーズ30」として刊行された。

図書館のめざすもの　新版

1997年 8 月 5 日　初版第 1 刷発行
2014年10月10日　新版第 1 刷発行
2016年10月10日　新版第 3 刷発行

定　価：本体800円（税別）

編・訳：竹内　悊
写　真：漆原　宏
発　行：公益社団法人　日本図書館協会
〒104-0033　東京都中央区新川1-11-14
Tel 03-3523-0811㈹　Fax 03-3523-0841
印　刷：㈲吉田製本工房　㈲マーリンクレイン

JLA201618　　Printed in Japan
ISBN978-4-8204-1410-0
本文用紙は中性紙を使用しています